AI와 1인 창업

인공지능총서

인공지능 시대입니다. 기계가 인간의 인지를 대신하고, 사물이 인간을 통하지 않고 다른 사물과 직접 커뮤니케이션합니다. 이에 따른 인간 삶과 문명 변화를 정확히 이해 · 예측 · 대응하는 것은 이 시대 우리 모두의 과제입니다. 인공지능총서는 인공지능 기술과 환경의 여러 주제를 10가지 키워드로 정리합니다. 관련 개념과 이론, 학계와 산업계의 쟁점, 우리 일상의 변화를 다룹니다. 인간과 기술의 현재, 미래를 세심히 분석합니다.

일러두기

- 인명, 작품명, 저서명, 개념어 등은 한글과 함께 괄호 안에 해당 국가의 원어를 병기했습니다.
- 외래어 표기는 현행 어문규정의 외래어표기법을 따랐습니다.

처음이세요?

전문가세요?

AI와 1인 창업

유훈식

대한민국, 서울, 커뮤니케이션북스, 2025

AI와 1인 창업

지은이 유훈식
펴낸이 박영률

초판 1쇄 펴낸날 2025년 8월 11일

커뮤니케이션북스(주)
출판 등록 2007년 8월 17일 제313-2007-000166호
02880 서울시 성북구 성북로 5-11
전화(02) 7474 001, 팩스(02) 736 5047
commbooks@commbooks.com
www.commbooks.com

ISBN 979-11-430-0447-5 03500

책값은 뒤표지에 표시되어 있습니다.

차례

새로운 기회의 문턱에서

생성형 AI의 등장 이후, 누구나 아이디어를 구체화하며, 창의적 시도를 실행에 옮길 수 있는 시대가 열렸다. 이러한 시대에 '1인 창업'은 AI 기술의 힘을 활용해 자신만의 방식으로 일하고 싶은 사람들에게 새로운 대안으로 떠오르고 있다. 과거 창업은 자금, 인력, 기술이라는 삼중의 벽을 넘어야만 시작할 수 있는 일이었다. 하지만 이제는 한 사람이 AI 도구들과 협력해 시장 조사부터 기획, 브랜드 디자인, 마케팅, 고객 관리, 회계까지 전 과정을 수행할 수 있게 되었다. 중요한 것은 속도나 기술 자체보다, 혼자서도 시도하고, 실패하고, 다시 개선하며 성장할 수 있는 역량이 필요한 시대가 되었다는 것이다. 이 책은 이러한 시대적인 변화를 알리고, 1인 창업가들에게 새로운 시도를 해 볼 수 있는 동기를 부여하는 데 도움을 주고자 하는 안내서다.

AI는 더 이상 선택이 아닌 필수다. 1인 창업자에게 AI는 단순한 자동화 도구를 넘어, 마치 '작은 조직'을 구성해 주는 파트너와도 같다. 디자인, 글쓰기, 영상 제작, 데이터 분석, 고객 응대 등 각기 다른 역할을 수행하는 AI 도구들을 조합하면, 혼자서도 마치 여러 팀과 함께 일하는 것 같은 효과를 얻을 수 있다. '작지만 빠르고 영리한' 창업이 가능해진 지금, 진입 장벽은 낮아졌고, 실행력과 기획력의 차이가 경쟁력을 좌우하고 있다.

물론 새롭게 고려해야 하는 요소들도 많아졌다. AI의 오류 가능성, 데이터 편향, 기술 의존 리스크, 저작권과 윤리 문제 등으로 새로운 시대의 창업자들은 신중한 판단과 균형 감각을 요구받는다. 기술을 무조건 신뢰하거나 맹목적으로 활용하는 것이 아니라, 스스로 방향을 정하고 판단의 중심을 지키며 AI와 협력하는 태도가 필요하다.

이 책에서는 AI를 도구 삼아 창업을 준비하고 실행에 옮긴 다양한 사례들을 소개하고, 실제로 활용할 수 있는 구체적인 도구와 전략들을 함께 다룬다. 또한 단기적인 성공을 넘어서, 장기적으로 지속 가능한 1인 창업을 위해 필요한 철학과 태도에 대해서도 이야기한다.

지금은 전례 없이 창의적이고 독립적인 일의 시대다. 더 이상 창업은 거창한 사무실과 팀, 대규모 자본이 필요한 일이 아니다. 오히려 작은 아이디어와 열정, 그리고 AI에 대한 올바른 이해와 활용 능력이 있다면, 누구든 창업가가 될 수 있다. 《AI와 1인 창업》은 이 변화의 중심에서 새로운 기회의 문을 두드리는 모든 이들에게 실질적인 지침이자 응원이 되고자 한다.

01
AI와 창업 패러다임의 변화

AI 기술의 발전으로 창업 방식이 급변하고 있다. 과거 팀 중심의 전통 창업과 달리, 오늘날은 AI와 노코드 도구를 활용한 1인 창업이 부상하고 있다. AI는 아이디어 실현의 속도를 높이고, 진입 장벽을 낮추며, 혼자서도 빠른 실행과 유연한 전략 변경이 가능하게 한다. 실제로 다양한 분야에서 AI를 활용한 1인 창업 성공 사례가 속속 등장하고 있으며, 이는 창업 생태계의 새로운 패러다임을 보여 준다. 지금은 AI와 1인 창업하기에 최적의 시대다.

AI와 1인 창업?

전통 창업 vs AI 창업

불과 몇 년 전까지만 해도 스타트업은 두 명 이상의 공동 창업자가 각자의 역할을 맡고 투자를 유치해 회사를 성장시키는 전통적인 방식을 따르는 경우가 많았다. 개발자는 제품을 만들고, 디자이너와 마케터는 사용자 경험과 홍보를 담당하며, 사업 전략을 수립하는 경영자가 팀을 이끌었다. 그러나 AI 기술이 보편화된 현재, 이러한 전통적인 공식은 급격히 재편되고 있다. 예를 들어, 과거에는 수개월이 걸리던 개발 작업이 이제는 며칠 만에 프로토타입으로 구현될 수 있게 되었다. 오늘날 1인 창업자들은 AI 에이전트, 자동화 플랫폼, 노코드 툴을 적극적으로 활용해 그 어느 때보다 빠른 속도로 사업을 전개할 수 있다. 중요한 것은 단순한 속도 경쟁을 넘어 아이디어를 시험하고 피드백을 반영해 서비스를 개선하는 실행 주기가 과거와 비교할 수 없을 만큼 빨라졌다는 점이다. AI를 중심에 둔 창업은 이러한 민첩성과 실험 정신을 바탕으로 이뤄지고 있다.

AI 창업의 또 다른 특징은 낮아진 진입 장벽이다. 전통적으로 첨단 기술 스타트업을 창업하려면 해당 분야에 대한 전문 지식이 필수였으며, 시장 분석부터 제품 개발, 마케팅까지 각 영역에서 전문가의 도움이 필요했다.

그러나 이제는 상황이 달라졌다. 손쉽게 활용할 수 있는 AI 모델들이 풍부하게 제공됨에 따라, 전문 개발자나 박사 학위가 없는 사람도 AI 서비스를 이용할 수 있게 되었다. 과거 소수의 연구자들만 다루던 머신 러닝 모델이 챗지피티(ChatGPT) 같은 사용자 친화적 인터페이스로 변모하면서 대중에게 한층 더 가까워졌으며, 이로 인해 아이디어만 있다면 누구나 AI를 활용한 제품을 구상할 수 있는 시대가 되었다. 또한, 과거에는 상상에 그쳤을 법한 아이디어도 AI의 도움을 받으면 실제 구현이 가능해지고 있다. 그림을 그릴 줄 몰라도 AI 이미지 생성기를 활용해 시각화할 수 있으며, 코딩을 몰라도 AI 코딩 도구를 이용해 프로그램을 완성할 수 있다. 다시 말해, AI 기술은 창업의 문턱을 크게 낮춰 "아이디어만 있으면 혼자서도 개발을 할 수 있다"는 새로운 문화를 형성했다.

물론 창업의 본질적인 요소인 사람들의 요구를 파악하고 가치를 제공한다는 관점은 과거와 다르지 않다. 다만, 그 목표를 달성하는 방법과 도구가 급격히 발전했을 뿐이다. 예를 들어, 과거에는 사용자 10만 명을 확보하기 위해 마케팅 팀의 치밀한 전략과 상당한 예산이 필요했으나, 이제는 한 사람이 AI를 활용해 개인화된 콘텐츠를 대량으로 생산하고, 소셜 미디어 알고리즘을 공략해

단기간에 많은 사용자를 확보할 수도 있다. 다시 말해, AI 중심 창업은 적은 자원으로도 신속하게 시장 검증을 수행할 수 있으며, 작은 성공을 기반으로 곧바로 서비스를 확장할 수 있는 유연성을 제공한다. 이러한 변화는 창업 생태계를 더욱 역동적으로 만들고 있으며, 기존 기업들에게도 빠른 혁신을 요구하고 있다.

AI를 활용한 1인 창업 사례들

이러한 시대적 흐름을 가장 잘 보여 주는 1인 창업의 성공 사례들을 살펴보도록 하겠다. 최근 몇 년 사이, 전 세계적으로 AI를 활용해 혼자서 새로운 비즈니스를 일군 사례들이 쏟아지고 있다. 흥미로운 점은 그 범위가 스타트업 기술 서비스뿐만 아니라 콘텐츠 창작, 교육, 컨설팅, 프리랜서 업무까지 매우 다양하다는 것이다. 국내외를 막론하고 AI 기반 1인 창업으로 두각을 나타내고 있는 인물과 비즈니스 사례를 몇 가지 살펴보겠다.

첫째, AI 기술 스타트업 분야에서 1인 창업의 성공 사례가 두드러지고 있다. 미국의 조시 모러(Josh Mohrer)는 원래 우버 뉴욕 지사장을 지낸 비즈니스 임원 출신이었으나, 2023년 회의를 자동으로 기록하고 요약해 주는 AI 앱인 Wave AI를 단독으로 개발해 큰 성공을 거두었다. 그는 전문 프로그래머가 아니었지만, 아이디어를 얻은 지 불과 하루 만에 챗지피티의 도움을 받아 iOS용 시제품을 만들었고, 출시 8개월 만에 월 매출 약 33만 달러(한화 4억 원대)에 달하는 앱으로 성장시켰다. 창업자도 직원도 오직 한 명뿐인 작은 앱이 이처럼 빠르게 성장할 수 있었던 비결은 AI를 활용해 개발 속도를 극대화하고, 사용자 피드백을 실시간으로 반영하며 지속적으로 제품을 개선해 나갔기 때문이다. 조시 모러는 코딩에 어려움을 느낄 때마다 챗지피티를 멘토처럼 활용해 문제를 해결했으며, 복잡한 기능은 서드파티 서비스를 연결해 구현함으로써 혼자서도 완성도 높은 서비스를 단기간에 만들 수 있었다. 또한, 그는 개발 이후에도 SNS를 통해 사용자들과 직접 소통하며 기능을 지속적으로 다듬었고, 자신의 창업 스토리를 투명하게 공유함으로써 자연스러운 홍보 효과를 얻었다. 이처럼 AI 기술, 노코드 도구, 그리고 개인 브랜딩의 삼박자가 조화를 이루면서 한 사람의 노력만으로도 수만 명이 사용하는 인기 서비스가 탄생할 수 있었다.

둘째, 콘텐츠 창작과 지식 공유 영역에서도 AI 1인 창업이 활발하게 이뤄지고 있다. 키프로스에 거주하는 올레 레만(Ole Lehman)은 본래 암호 화폐 트레이더였지만, 2022년 말 FTX 사태로 큰 손실을 본 후에 AI 분야로 방향을 전환했다. 그는 2023년 초부터 챗지피티 실험기를 트위터에 공유하며 사람들의 관심을 끌었고, 곧 "The AI Solopreneur"라는 계정을 통해서 '1인 사업가들(Solopreneur)'을 위한 AI 활용 노하우를 전수하기 시작했다. 팔로워 수가 급증하자 자신의 지식을 정리한 온라인 강좌를 179달러에 출시했고, 불과 한 달 만에 1078명이 수강을 신청해 약 17만 6천 달러(한화 약 2억 원)의 수익을 올렸다. 무료로도 정보를 얻을 수 있는 시대에 사람들이 돈을 지불한 이유는 올레가 제공한 내용이 실제 1인 창업자들에게 실질적인 도움이 되는 실용적인 인사이트였기 때문이다. 그는 자신을 AI 열성팬일 뿐 전문가라고 할 수 없다고 소개하면서도, AI를 마치 인턴사원처럼 활용하고, 그 결과물에 인간적인 감각을 덧붙여 완성도를 높이는 자신만의 팁을 공유했다. 암흑의 시기를 견디고 AI 솔로프리너로 거듭난 그의 이야기는 많은 사람들에게 영감을 주었으며, 그 스스로도 짧은 기간 안에 지식 창업가로 자리매김하며 안정적인 수익을 창출하고 있다.

셋째, 전문 서비스 분야에서도 AI는 1인 사업자들에게 든든한 조력자가 되고 있다. 미국의 재클린 앤 디스테

파노 탕고라(Jacqueline Ann DeStefano-Tangorra)는 소규모 비즈니스 컨설팅 회사를 운영하는 1인 기업가로, 2022년 말 챗지피티를 도입한 후 업무 효율을 크게 향상시켜 단 3개월 만에 약 12만8000달러(한화 약 1억6천만 원)의 신규 계약을 따냈다. 이는 챗지피티 도입 전 같은 기간 대비 80% 이상 증가한 실적으로, AI 활용이 직접적인 매출 증대로 이어진 사례다. 그는 보고서 작성이나 데이터 분석처럼 많은 시간을 소요하는 작업을 챗지피티를 통해 상당 부분 자동화했고, 그 덕분에 절약된 시간을 고객 발굴과 제안 준비에 집중할 수 있었다고 밝혔다. 특히 컨설팅 제안서를 작성할 때 챗지피티가 아이디어 구조를 잡아 주고 업계 정보를 신속하게 정리해 주어, 혼자서도 여러 프로젝트를 동시에 수주할 수 있는 경쟁력을 갖추게 되었다. 이처럼 컨설턴트, 마케터, 기자, 번역가 등 지식 서비스 업종의 프리랜서들도 AI를 활용해 자신의 생산성을 극대화하고 부가가치를 높이는 추세다. 이제 누구나 AI 어시스턴트를 활용해 더욱 효율적인 1인 기업을 운영할 수 있는 시대가 되었다.

새로운 창업 시대의 의미

지금까지 살펴본 것처럼 AI의 등장은 개인 창업의 기회와 가능성을 비약적으로 확장시키고 있다. 전통적인 창업과 AI 창업의 차이는 단순히 기술을 도입하느냐의 문제가 아니라 창업의 접근 방식 자체가 완전히 변화하고 있다는 점에 있다. 이는 창업자 개인뿐만 아니라 사회와 경제 전반에도 중요한 의미를 지닌다. 창의적인 아이디어를 가진 개인이 자금이나 인력 부족으로 창업을 포기하지 않고, 직접 실행에 옮길 수 있는 환경이 조성되면서 혁신의 저변이 넓어지고 있다. 과거에는 대기업이나 기관만이 새로운 서비스를 출시할 수 있었다면, 이제는 수많은 개인이 각자의 문제의식을 바탕으로 작은 실험을 시작하고 있다. 그중 일부는 세상을 바꿀 유니콘 기업으로 성장할 가능성도 충분하다. 실제로 전문가들은 앞으로 "솔로 유니콘" 창업가가 전례 없이 많이 등장할 것으로 전망하고 있다. AI 도구의 발전과 플랫폼 통합으로 기술적 장벽이 낮아지고, 시장 역시 AI 기반 서비스에 열려 있으며, 자동화를 통해 비용 효율성을 극대화할 수 있는 지금이야말로 혼자서도 큰 성과를 낼 수 있는 최적의 시기다. 어쩌면 다음 세대의 거대 스타트업은 여러 개발자가 함께하는 차고 창업이 아니라, AI 에이전트를 활용하는 단 한 명의 창업자로부터 탄생할지도 모른다.

물론 1인 창업이라고 해서 누구나 성공하는 것은 아니

다. 혼자 모든 것을 책임져야 한다는 부담, 고독한 의사결정, 그리고 무엇보다 실패의 위험을 온전히 감당해야 한다는 현실은 1인 창업의 어려운 점일 것이다. 하지만 AI 시대의 1인 창업자들은 과거와는 다른 강점을 갖고 있다. 실패하더라도 손실을 최소화할 만큼 작게 시작해서 빠르게 검증할 수 있고, 성공하면 AI와 자동화를 통해 혼자서도 기하급수적인 성장을 이룰 수 있는 발판을 마련할 수 있다. 이는 기존 창업에서는 보기 힘들었던 새로운 기회다. 결국 중요한 것은 변화한 환경을 인식하고, AI를 자신의 역량을 확장하는 도구로 활용할 줄 아는 태도다. 이 책에서 살펴볼 다양한 사례와 원리는 독자 여러분이 그러한 태도를 갖추는 데 도움이 될 것이다. AI 기반 1인 창업이 왜 중요한지, 그리고 지금이 왜 그 기회를 주목해야 할 때인지 충분히 살펴봤다면, 이제 남은 것은 각자의 아이디어와 열정을 실행에 옮기는 일이다. 지금이야말로 혼자 창업을 시작하기에 가장 좋은 시기라는 이야기가 곳곳에서 나오고 있다. AI라는 강력한 도구를 손에 쥔 개인들이 만들어 갈 새롭고 풍요로운 창업 시대가 펼쳐지고 있으며, 우리 모두 그 변화의 주인공이 될 수 있다. 앞으로 남은 장들에서는 이러한 1인 창업의 세부적인 주제들을 보다 면밀히 살펴보도록 하겠다.

참고문헌

라이언 오슬링(2025.1.4). "1세대 AI 크리에이터가 '상상 뉴스'로 사람들과 노는 법". 롱블랙.
https://www.longblack.co/note/1302

선수현(2023.3.2). "AI가 되살려낸 독립운동가 15인 김구·안중근·유관순 등 색채 사진으로 만난다". 《K-공감》.
https://gonggam.korea.kr/newsContentView.es?mid=a10205000000§ion_id=NCCD_CULTURE&content=NC002&code_cd=&news_id=d5185615-ed36-4923-a87e-f65849d1eafb

솔비나(솔로비즈니스나이트)(2024.10.26). "노코드 툴로 만든 AI 도구로 월 4천만 원 수익창출". 브런치.
https://brunch.co.kr/@@hjoR/6

신송희(2023.3.1). "컬러로 복원한 유관순 · 안중근…AI로 되살아난 열사들". 《SBS 뉴스》.
https://news.sbs.co.kr/news/endPage.do?news_id=N1007097641&plink=COPYPASTE&cooper=SBSNEWSEND

조쉬의 뉴스레터(2024.12.4). "칼로리 측정 AI앱으로 월 14억을 버는 17살 창업가". 《이오플래닛》.
https://eopla.net/magazines/23928

Balažic, M.(2024.11.11). First solo-entrepreneur unicorn. Medium.
https://blog.startupstash.com/first-solo-entrepreneur-unicorn-40baecf4f67b

BoltAI(2025). "Your AI copilot for macOS". https://boltai.com

E-SPIN(2025.3.20). "AI-powered solopreneurs: The rise of the new digital elite".
https://www.e-spincorp.com/solopreneurs-ai-digital-elite/

Happy Habbits by Odyssey(2025.2.28). How to Become a Solopreneur in the Age of AI. Medium. https://medium.com/@happyhabbits56/how-to-become-a-solopreneur-in-the-age-of-ai-be7076866a64

McKinsey Digital(2023.6.14). "The economic potential of generative AI: The next productivity frontier". https://www.mckinsey.com/capabilities/mckinsey-digital/our-insights/the-economic-potential-of-generative-ai-the-next-productivity-frontier

Nolan, B.(2023.5.22). Author says he wrote 97 books in 9 months using ChatGPT and Midjourney. Business Insider. https://www.businessinsider.com/chatgpt-author-time-boucher-midjourney-ai-novels-books-2023-5

OpenAI(2022.11.30). "Introducing ChatGPT". https://openai.com/blog/ChatGPT

Park, H. S. et al.(2002.10). The use of exploratory factor analysis and principal components analysis in communication research. *Human communication research, 28*(4), pp.562~577. https://www.researchgate.net/publication/227686876_The_Use_of_Exploratory_Factor_Analysis_and_Principal_Components_Analysis_in_Communication_Research

Passionfroot(2024.2.21). "The Art of going solo with Ole Lehman the AI solopreneur". https://www.passionfroot.me/creators-on-air/the-art-of-going-solo-with-ole-lehman-the-ai-solopreneur

Starter Stories(2024.9.13). How Going Viral on X Helped This Solopreneur Grow His AI App Business to $15K/Month. Medium.

https://medium.com/@devendrabhondve73/how-going-viral-on-x-helped-this-solopreneur-grow-his-ai-app-business-to-15k-month-edd1bf59542b
Wave AI(2024.11.15). How Josh Mohrer Built Wave AI to $4M ARR Solo in 8 Months. Starter Story.
https://www.starterstory.com/wave-ai-breakdown
Y Combinator(2025.2). "AI Revolution: Why This Is The Best Time To Start A Startup".
https://www.ycombinator.com/library/M5-ai-revolution-why-this-is-the-best-time-to-start-a-startup

02
AI 기반 1인 창업의 기회와 도전 과제

AI 기반 1인 창업은 민첩성, 유연성, 효율성의 강점을 바탕으로 빠른 실행과 유연한 전략 수정, 낮은 비용 운영이 가능하다. 다양한 AI 도구들은 기획, 디자인, 개발, 자동화까지 지원하며 혼자서도 전문 조직처럼 일할 수 있게 돕는다. 그러나 AI의 오류, 데이터 편향, 저작권 문제, 기술 의존의 리스크도 존재하므로 주의가 필요하다. 핵심은 1인 창업가가 AI를 도구로 삼되 주도권을 본인이 가지고 균형 있게 책임감을 갖고 활용하는 것이다.

AI와 MBTI?

1인 창업의 장점: 민첩성, 유연성, 효율성

1인 창업에는 거대한 조직에서는 누릴 수 없는 고유한 강점들이 있다. 그 핵심 키워드는 민첩성, 유연성, 그리고 효율성이다. 먼저 민첩성 측면에서, 혼자 움직이는 창업자는 의사결정과 실행에서 누구보다도 빠르다. 회사 내부 결재나 부서 간 조율에 시간을 소모할 필요가 없기 때문에 아이디어가 떠오르면 곧바로 실행에 옮길 수 있다. 시장 상황이 변하면 며칠, 때로는 몇 시간 만에도 사업 전략을 수정할 수 있다. 예를 들어 큰 기업이라면 새로운 제품을 출시하거나 기능을 수정하는 데 여러 회의와 승인 절차를 거쳐 몇 달이 걸릴 일을, 1인 기업가는 즉각 판단하고 바로 행동에 옮겨 시장의 흐름에 재빠르게 대응할 수 있다. 이런 민첩성은 기술 변화의 속도가 빠른 현대 시장에서 경쟁력의 중요한 원천이 될 수 있다. AI 도구들은 이러한 변화를 돕는다. 창업자는 AI로부터 즉각적인 데이터 분석 결과나 트렌드 예측을 받아 볼 수 있어, 근거 있는 빠른 판단을 내릴 수 있다. 예컨대 AI 기반 데이터 분석 툴을 활용하면 혼자서도 고객 피드백 수천 건을 순식간에 분류하고, 핵심 패턴을 파악해 제품 개선에 반영하는 식이다. 작은 조직의 민첩함에 AI의 속도가 결합되어 기민한 실행력이 배가된다.

둘째, 유연성은 1인 창업자의 삶과 사업 운영 방식 전반에서 큰 장점으로 나타난다. 혼자서 모든 것을 책임지기에 업무 시간이나 업무 방식에 제약이 적다. 자신의 생활 패턴과 창의적 리듬에 사업을 맞출 수 있어, 밤에 더 집중이 잘 되면 밤에 일하고 낮에 쉬는 식의 자유로운 운용도 가능하다. 의사결정의 유연성도 뛰어나다. 외부 의견에 얽매이지 않고 자신의 직관과 전문성에 따라 과감한 시도를 할 수 있다. 예를 들어 새로운 아이디어가 떠올랐을 때 조직 내 반대나 조율 없이 바로 시제품을 만들어 보거나 실험해 볼 수 있다. 또한 사업의 방향을 틀고 싶을 때도 다른 이해관계자의 동의를 구할 필요 없이 유연하게 전략을 수정할 수 있다. 이런 유연성은 빠르게 변하는 시대에 특히 중요한데, 1인 기업가는 거대한 조직보다 변화하는 환경에 유연하게 적응하며 진로를 바꾸는 데 유리하다. 한편 1인 기업가는 일과 삶의 균형도 스스로 조절하기 쉽다. 조직의 틀에 묶이지 않고 일하기 때문에, 필요하다면 잠시 휴식을 취하거나 다른 프로젝트로 전환하는 등 탄력적인 운영이 가능하다. 물론 모든 것이 자신의 책임이므로 오히려 휴가를 못 가는 경우도 있지만, 적어도 본인 의지대로 일정과 업무를 설계할 수 있다는 자유는 큰 장점으로 꼽힌다. 이처럼 유연한 환경 덕분에 많은 경력 단절 여성이나 은퇴자, 디지털 노마드 등도 1인 창업에 뛰어들어 자신만의 일하는 방식을 찾고 있다.

셋째, 효율성 측면에서도 1인 창업은 매력적이다. 혼자 운영하면 인건비나 복리 후생 등 고정비용이 최소화되고, 의사소통에 드는 시간과 에너지가 거의 들지 않는다. 조직 관리에 소모되는 비용 없이 오롯이 제품과 서비스 개발에 자원을 집중할 수 있다는 뜻이다. 특히 AI 도구의 등장은 이러한 효율성을 극대화하고 있다. 과거에는 사람을 채용해야 가능했던 일들을 이제는 비교적 저렴한 AI 서비스 구독료만 내면 해결할 수 있다. 예를 들어 고객 상담 인력을 두지 않고도 챗봇 하나로 24시간 자동 응대를 제공하거나, 전문 회계 직원 없이도 AI 회계 소프트웨어로 자동 장부 정리를 할 수 있다. 덕분에 규모의 경제에 맞설 수 있는 효율적인 운영이 가능해졌다. 또한 1인 기업가는 작은 팀과 비교해도 의사소통 오류나 중복 업무가 거의 없으므로 업무 효율이 높다. 스스로 모든 것을 파악하고 있으니 업무 조율에 시간이 들지 않고, AI 도구들을 적재적소에 활용해 일손을 거드는 식이다. 결국 혼자이기에 '내가 곧 회사'인 상황에서, 노력한 만큼 모든 성과가 오롯이 자신의 것이 된다는 동기부여 측면의 효율성도 생긴다. 한 1인 창업자는 "내 실적이 곧 연봉이라는 게 강점"이라며 자신의 노력에 따른 보상이 명확한 점을 장점으로 들기도 했다. 이렇듯 민첩하고 유연하며 효율적인 1인 창업 모델은 거대한 조직의 비효율에 답답함을 느끼는 이들에게 매우 매력적인 대안이 되고 있다. 빠르게 움직이고 자유롭게 일하면서도 성과를 극대화할 수 있다는 것은 AI 시대의 새로운 기업가 정신으로 주목받고 있다.

물론 1인 창업자가 이런 강점을 제대로 살리기 위해서는 자기 관리와 멀티태스킹 능력이 뒷받침되어야 한다. 하지만 AI의 조력으로 한 사람이 여러 역할을 효율적으로 해낼 수 있게 되면서, 이제 민첩성·유연성·효율성이라는 1인 창업의 장점은 더욱 뚜렷해지고 있다. 적어도 초기 창업 단계에서는 큰 조직에 못지않은 성과를 낼 수 있다는 것이 많은 전문가들의 견해다. 한마디로, 작지만 빠르고 영리하게 움직이는 1인 기업이 거대한 공룡 기업들 사이에서 자신만의 생존 전략을 펼칠 수 있는 시대가 온 것이다.

1인 창업을 위한 다양한 AI 도구들

그렇다면 구체적으로 어떤 AI 도구들이 1인 창업자들의 손발이 되어 줄까? 오늘날 시장에는 혼자 일하는 사람들을 돕는 각양각색의 AI 기반 도구들이 쏟아져 나오고 있다. 이러한 도구들을 잘 활용하면 혼자서도 마치 전문 팀과 함께 일하는 듯한 효과를 얻을 수 있다. 분야별로 대표적인 사례들을 살펴보자.

우선 자연어 처리 기반 AI는 아이디어 구상부터 문서 작성까지 폭넓게 활용된다. 대표적인 예가 오픈AI의 챗지피티다. 챗지피티는 인간처럼 질의응답을 주고받을 수 있는 대화형 AI로서, 복잡한 질문에도 관련 정보를 찾아 그럴듯한 답변과 제안을 제공한다. 1인 창업자는 챗지피티를 브레인스토밍 파트너처럼 활용할 수 있다. 예를 들어 새로운 사업 아이디어에 대해 조언을 구하거나, 마케팅 문구를 함께 고민하고, 심지어 사업 계획서나 블로그 글의 초안을 작성하는 데에도 도움을 받는다. 마치 다방면에 해박한 멘토와 대화하듯이, 필요한 지식이나 착안점을 빠르게 얻을 수 있다. 또한 글쓰기 보조 AI인 노션(Notion) AI도 널리 쓰인다. 노션이라는 업무용 소프트웨어에 통합된 이 AI 도구는 메모한 아이디어를 자동으로 정리해 주거나 회의록을 요약해 주고, 글을 다듬는 등 콘텐츠 생산성을 크게 높인다. 혼자서 기획서와 보고서 작성까지 모두 해야 하는 창업자라면 노션 AI를 통해 시간과 노력을 아낄 수 있다. 이 밖에도 이메일 답장 문안을 자동으로 추천해 주는 AI, 고객 대응에 쓸 FAQ 답변을 생성해 주는 AI 등 텍스트 처리 분야의 도구들이 다양하다. 이러한 도구를 쓰면 혼자서도 마치 전문 작가나 기획자를 옆에 둔 것처럼 수준 높은 문서를 빠르게 만들어 낼 수 있다.

또한 창업을 하면 로고 디자인부터 제품 사진, 홍보 이미지나 영상 제작까지 시각적 콘텐츠가 필요하다. 예전에는 이를 위해 그래픽 디자이너나 영상 편집자의 도움이 필요했다면, 이제는 이미지 생성 AI가 큰 힘이 된다. 미드저니(Midjourney)나 달리(DALL · E) 같은 이미지 생성 AI 도구는 텍스트로 "이런 그림을 원한다"고 지시하면 몇 초 만에 그에 맞는 그림이나 사진을 생성해 준다. 이를 활용하면 제품의 콘셉트 아트를 그리거나, 웹사이트에 들어갈 삽화와 배너 이미지를 뚝딱 만들 수 있다. 음성을 텍스트로 변환하거나, 반대로 텍스트를 인간 같은 음성으로 읽어주는 AI 기술도 혼자 콘텐츠를 만들 때 유용하다. 예를 들어 음성 합성 기술을 통해 내 목소리가 아니어도 AI 성우가 내주는 내레이션으로 홍보 영상을 완성할 수 있다. 요약하자면, 이미지와 영상 생성 AI 덕분에 1인 창업자도 디자인 팀에 버금가는 시각 콘텐츠 생산 능력을 갖추게 되었다. 이를 통해 브랜드 로고부터 상품 카탈로그, 광고 비주얼에 이르기까지 일관된 이미지 전략을 혼자서도 구현해낼 수 있다.

그리고 1인 기업이 기술 기반 서비스를 만들 때, 프로그래밍 인력이 부족한 문제도 AI로 상당 부분 해소되고 있다. 코딩 보조 AI인 깃허브 코파일럿(GitHub Copilot)은 마이크로소프트와 오픈AI(OpenAI)가 개발한 도구로, 코드를 작성하면 자동으로 이어지는 코드를 추천해주거나 오류를 잡아 준다. 마치 숙련된 프로그래머가 옆에서 도와주는 효과가 있어, 혼자 개발할 때 생산성을 크게 높여 준다. 간단한 함수나 웹 페이지 같은 건 코파일럿의 도움으로 순식간에 짤 수 있고, 필요한 알고리즘도 AI에게 물어보면 힌트를 얻을 수 있다. 심지어 프로그래밍을 잘 모르는 사람도 노코드 플랫폼과 AI를 결합해 꽤 완성도 높은 앱이나 웹사이트를 만들 수 있다. 예컨대 아임웹 같은 서비스는 사용자에게 몇 가지 질문을 던진 뒤 자동으로 웹사이트를 생성해 준다. 여기에 디자인 템플릿과 간단한 글만 넣으면 그럴듯한 회사 홈페이지나 온라인 쇼핑몰이 완성된다. 과거 같으면 개발자와 디자이너가 몇 주 걸렸을 일을 한 사람이 몇 시간 만에 해낼 수 있게 된 것이다. 또한 업무 자동화 도구들도 1인 창업자를 돕는다. 예를 들어 여러 플랫폼에 걸친 데이터를 연동해 주는 재피어(Zapier)나 파이썬 기반의 간단한 매크로 스크립트에 AI 기능을 붙여서, 반복적인 업무를 자동화할 수 있다. 재고 관리나 일정 관리처럼 시간을 잡아먹는 일들은 AI의 손을 빌려 백그라운드에서 자동 처리하게 하고, 정작 창업자는 더 중요한 일에 집중할 수 있다. 정리하자면, AI는 1인 창업자의 개발자 겸 IT 관리 직원으로 활약하면서 기술적 허들을 크게 낮춰 주고 있다.

이 밖에도 1인 창업자를 위한 다양한 서비스와 AI 도구들이 존재한다. 가령 스티비(Stibee) 같은 뉴스레터 발송 서비스는 고객들에게 소식지를 보낼 때 편리하며, 여기에 AI를 활용해 맞춤형 이메일 제목 추천이나 타깃 그룹 세분화도 가능하다. 고객 응대 챗봇은 혼자서 감당하기 어려운 수백 명 고객의 문의를 1차 처리해 주는 든든한 상담 직원을 자처한다. 또한 사업 계획 수립에 도움이 되는 AI 툴도 있는데, 시장 데이터를 자동으로 수집해 주거나 경쟁사 분석 리포트를 뽑아 주는 서비스들도 속속 등장하고 있다. 이러한 도구를 활용하면 1인 창업자도 객관적인 데이터에 기반한 전략 수립이 가능해진다. 또한 번역 AI도 글로벌 시장을 겨냥한 1인 기업에 필수적이다. 예를 들어 한국어로 작성한 상품 설명을 AI 번역기로 영어, 중국어 등으로 순식간에 변환해 여러 나라 고객에게 동시에 판매하는 것이 이제 어렵지 않다. 마지막으로, 요즘 생성형 AI 기술이 접목된 비서형 AI들도 등장했다. 구글의 바드(Bard)나 MS의 빙(Bing) 챗처럼 지능형 비서는 이메일 초안을 대신 써 주거나 일정을 관리해 주고, 심지어 회의록을 작성하는 등 비서 업무를 척척 해낸다. 1인 기업가는 이처럼 AI 동료들을 적절히 활용해 마치 자신만의 작은 조직을 꾸린 듯한 효과를 누릴 수 있다. 실제로 한 1인 기업가는 자신이 즐겨 쓰는 AI 서비스들을 일종의 가상 조직도 형태로 정리해, 마케팅 담당 AI, 디자인 담당 AI, 재무 담당 AI 식으로 부서별 역할을 맡긴 사례도 있다. 그만큼 혼자서도 여러 AI 도구라는 동료들과 함께 일하는 시대가 열린 것이다.

AI 기술 의존의 리스크와 함정

AI의 도움으로 무궁무진한 가능성이 열리고 있지만, 동시에 AI 기술에 의존하는 1인 창업에는 몇 가지 리스크와 함정도 존재한다. 기술을 똑똑하게 활용하는 것과 맹신하는 것은 다르기 때문에, 성공적인 1인 기업가가 되려면 이러한 위험 요소를 잘 인지하고 균형을 잡을 필요가 있다.

첫째로 꼽을 수 있는 문제는 AI의 한계와 오류에 관한 것이다. 최신 AI 도구들이 놀라운 성능을 보이지만, 아직 인간의 지식과 판단을 완전히 대체하지는 못한다. 예를 들어 챗지피티 같은 생성형 AI는 그럴듯한 문장을 만들어 내지만 때때로 사실과 다른 정보를 단정적으로 제시하기도 한다. 일종의 AI 환각 현상으로, 그럴듯하게 거짓된 답변을 내놓는 경우가 있다. 만약 창업자가 AI가 준 정보를 제대로 검증하지 않고 그대로 활용한다면 큰 실수를 저지를 수 있다. 실제로 미국에서는 한 변호사가 챗지피티가 만들어 준 판례 목록을 사실 확인 없이 법원에 제출했다가, 그 안에 존재하지 않는 가짜 판례가 포함되어 망신을 당한 사례도 있었다. 이렇듯 AI를 무조건 신뢰하고 의존하면 심각한 오류를 범할 위험이 있다. 1인 창업자의 경우 검토해 줄 동료나 상사가 없기 때문에, AI의 출력 결과를 검증하고 교차 확인하는 작업이 더욱 중요하다. AI가 생성한 마케팅 문구나 번역 결과도 사람이 다시 한번 다듬고 사실 관계를 확인해야 안전하다. 특히 의료나 법률, 금융처럼 오류로 인한 책임이 큰 분야에서는 AI 조언을 참고하더라도 최종 판단은 반드시 본인이 책임지고 내려야 한다.

둘째, 데이터 편향과 윤리적 이슈도 함정이다. AI는

학습된 데이터에 기반해 결과를 내놓기 때문에, 그 데이터의 한계와 편향을 그대로 답습할 수 있다. 만약 AI를 활용해 고객 대상 의사결정을 한다면, 부지불식간에 차별이나 편견이 개입될 위험이 있다. 1인 기업이 규모가 작다고 해서 이런 책임에서 자유로운 것은 아니다. 오히려 혼자 모든 것을 결정하기에 윤리 기준을 스스로 세우고 지켜야 한다. 예를 들어 AI 챗봇이 고객 응대를 하다가 부적절한 답변을 하면, 그 피해는 고스란히 창업자의 평판 문제로 돌아온다. 또한 저작권 문제도 간과할 수 없다. 이미지 생성 AI로 만들어 낸 그림이 알고 보니 특정 예술가의 작품 스타일을 베꼈다는 논란이나, AI가 작성해 준 글 일부가 어디선가 본 듯한 문장을 그대로 포함해 표절 시비가 붙는 일도 일어날 수 있다. 아직 법과 제도가 AI의 이런 결과물에 대한 책임 소재를 명확히 규정하지 않은 경우가 많아, 결국 1인 창업자 본인이 조심하는 수밖에 없다. 반드시 AI가 활용한 외부 자료의 출처와 라이선스를 확인하고, 생성된 콘텐츠는 필요시 수정하거나 필터링해야 한다. 윤리적으로도 AI를 인간인 것처럼 속여서 서비스를 운영한다면 이용자들의 신뢰를 잃을 수 있다. 예컨대 상담 챗봇을 사람이 응대하는 것처럼 위장했다가 밝혀지면 부정적 반응을 부를 수 있으므로, AI

사용을 적절히 고지하고 투명성을 유지하는 것이 좋다.

셋째, 기술 의존에 따른 사업상 위험도 존재한다. 1인 기업이 AI에 상당 부분 의존할 경우, 아이러니하게도 외부 서비스에 대한 종속성이 커질 수 있다. 예를 들어 나의 핵심 서비스가 어떤 AI 서비스 업체에 크게 의존하고 있는데, 그 서비스 제공 업체가 정책을 바꾸거나 서비스 중단을 한다면 치명타를 입을 수 있다. 실제로 일부 중소 스타트업은 무료로 쓰던 AI가 유료화되면서 사업 모델을 급히 수정해야 했던 사례도 있다. 또한 AI 도구들의 업데이트와 변화도 리스크다. AI 기술은 빠르게 발전하기 때문에, 몇 달 전 세팅해 놓은 자동화 스크립트나 모델이 금세 구식이 되거나 예상치 못한 방식으로 동작을 바꿀 수 있다. 혼자 모든 기술을 관리해야 하는 1인 창업자는 이런 변화를 계속 따라잡아야 하는 부담이 있다.

이러한 위험에도 불구하고, 많은 전문가들은 AI를 적절히 활용하는 1인 기업가야말로 앞으로 큰 성과를 낼 것이라고 전망한다. 핵심은 균형 잡힌 접근이다. AI를 도구로 삼되 주도권은 인간인 창업자 본인이 쥐고 있어야 한다. AI가 해줄 수 있는 일과 인간만이 할 수 있는 일을 구분하고, 협업하듯 함께하는 것이 중요하다. 이를 위해서는 끊임없는 공부와 경계심이 요구된다. 새롭게 쏟아지는 AI 도구의 기능과 한계를 파악하고, 내 사업에 맞게 맞춤 활용하는 지혜가 필요하다. 또한 윤리적인 감수성을 갖고 AI를 활용함으로써, 기술 혁신과 신뢰 구축 두 마리 토끼를 잡아야 한다.

결론적으로, AI 시대의 1인 창업은 이전 세대와는 차원이 다른 기회와 도전을 동시에 안겨 주고 있다. 누구나 혼자서 글로벌 시장에 도전할 수 있을 정도로 창업의 문이 활짝 열린 반면, 그 길을 현명하게 걸어가기 위해서는 새로운 기술을 다룰 책임감과 통찰력이 요구된다. IT 전문 저널리스트의 시각에서 볼 때, 지금 우리는 거대한 패러다임 전환의 한가운데에 서 있다. AI라는 강력한 도구를 손에 쥔 개인이 경제 주체로 부상하는 흐름은 앞으로도 가속화될 것이다. 이제 막 발걸음을 뗀 1인 창업자들은 AI와 함께 작은 선장을 넘어 큰 파도를 일으킬 잠재력을 지니고 있다. 민첩성과 유연성, 효율성이라는 무기를 갖춘 채 AI 동료들과 협업하는 1인 기업가들은 거대한 기업들 사이에서도 자신만의 색깔로 혁신을 만들어 낼 것이다. 물론 그 항해에는 위험이라는 암초들도 있지만, 이를 인지하고 대비한다면 AI는 분명 든든한 조력자가 되어줄 것이다. 결국 성공 여부를 가르는 것은 기술 그 자체가 아니라, 그것을 어떻게 활용하고 통제하느냐에 달려 있다. AI와 1인 창업의 시대, 그 주인공은 다름 아닌 우리 각자 개인이다. 지금이야말로 자신의 아이디어와 열정에 AI의 날개를 달아 새로운 도전에 나설 때다.

참고문헌

사업개발자 일당백(2024.4.22). “혼자서 1조 3천억, 1인 ‘유니콘’기업 가능할까요?”. 브런치. https://brunch.co.kr/@junbd/66

이진우(2023.8.24). “간섭만 하는 팀장보다 공평한 AI팀장이 낫다”. 《매일경제》. https://www.mk.co.kr/news/business/11039678

이호준(2024.9.20a). “직원 뭐하러 뽑아요… 잘나가는 1인기업 사장님들, 알고보니 혼자가 아니었다”. 《매일경제》. https://www.mk.co.kr/news/business/11120316

이호준(2024.9.20b). “혼자서도 거뜬 … AI로 무장한 1인 기업”. 《매일경제》. https://www.mk.co.kr/news/business/11119995

임은정(2024.2.15). “AI시대 더 중요해진 창업 의미”. 《매일경제》. https://www.mk.co.kr/news/contributors/10947903

중소벤처기업부(2024.2.29). 《2023년 연간 창업기업동향》. https://mss.go.kr/site/smba/ex/bbs/View.do?cbIdx=86&bcIdx=1048565

한국콘텐츠진흥원(2024.10.14). 《2023 콘텐츠산업백서 연차보고서》. https://welcon.kocca.kr/ko/info/trend/1954286

Goover AI(2025.5.15). “초기 창업자를 위한 AI 활용 단계별 실전 가이드”. Goover AI 리포트. https://seo.goover.ai/report/202505/go-public-report-ko

-e7b5bcd0-c36a-4d4e-b7fe-af51dc17399a-0-0.html
Graham, L.(2024.4.25). Sam Altman's "one-person unicorn" and the future of the office. Medium.
https://medium.com/pi-labs-notes/sam-altmans-one-person-unicorn-and-the-future-of-the-office-8ca607b63012
Gross, D.(2023.1.4). How solo entrepreneurs are revolutionizing the AI industry in 2023. LinkedIn.
https://www.linkedin.com/pulse/how-solo-entrepreneurs-revolutionizing-ai-industry-2023-dariusz-gross
Levels.io(2014.3.1). "I'm Launching 12 Startups in 12 Months".
https://levels.io/12-startups-12-months
OpenAI(2022). "Introducing ChatGPT".
https://openai.com/blog/chatGPT

03
AI와 창업 아이템 기획

AI 언어 모델의 등장으로 창업 과정이 크게 변화하고 있다. 창업자는 챗지피티를 비롯한 다양한 AI 도구들을 활용해 아이디어를 구체화하고, 고객 페르소나를 정의하며, 프로토타입 제작과 시장 반응 검증까지 빠르게 수행할 수 있다. AI는 창업을 위한 기초 자료를 제공하고 의사결정을 돕는 든든한 파트너지만, 창의적 통찰과 현실 검증은 창업자의 역할이다. 적절한 활용 전략이 있다면, 1인 창업자도 사업 아이디어를 빠르게 구현해 볼 수 있는 시대가 되었다.

AI와 난임 극복?

언어 모델을 활용한 창업 아이템 기획

인공지능 시대에 창업 아이디어를 구상하는 방식도 크게 바뀌고 있다. 과거에는 사업 구상을 위해 업계 리포트를 읽거나 전문가에게 조언을 구하며 긴 시간을 들였지만, 이제는 대규모 언어 모델(LLM) 기반의 챗봇 AI와 대화를 나누며 아이디어를 얻는 것이 일상이 되었다. 아이데이션(Ideation) 단계에서 챗지피티 같은 도구는 방대한 지식을 바탕으로 질문에 답하고 조언해 주는 일종의 브레인스토밍 파트너가 될 수 있다. 이를 잘 활용하면 창업자의 의사결정과 아이디어 검증, 창의력 자극, 실행 속도까지 가속화하는 촉매제가 된다. 마치 지치지 않는 동료 한 명이 생겨 24시간 함께 머리를 맞대고 창업 구상을 도와주는 것과 같다.

물론 인공지능과 대화한다고 해서 순식간에 기발한 사업 아이템이 뚝딱 튀어나오는 것은 아니다. 언어 모델을 효과적으로 활용하려면 사람 역시 전략이 필요하다. 우선 AI에게 막연하게 "사업 아이템을 추천해 줘"라고 던지기보다는, 본인의 상황과 관심 분야를 충분히 설명해 주는 것이 중요하다. 예를 들어 내가 누구이고 어떤 문제를 해결하고 싶은지 맥락을 알려 주면 AI가 더 적절한 아이디어를 제안할 확률이 높아진다.

이런 식의 대화형 접근을 통해, 막연했던 아이디어가 구체화되는 경험을 할 수 있다. 예를 들어 "경영 서적 읽기 모임을 주최하는 플랫폼을 만들고 싶다"는 아이디어를 가진 예비 창업자가 있다고 가정하자. 이 창업자는 챗지피티에게 "이런 독서 모임 사업을 어떻게 시작하면 될지 단계적으로 알려 줘"라고 물었고, AI는 이에 대해 아이디어 구체화, 시장 조사, 비즈니스 모델 수립, 법률/운영 고려, 마케팅, 고객 관리, 운영 및 확장에 이르는 8단계 계획을 제시했다. 한 번의 Q&A로 창업 전 과정을 아우르는 개략적 로드맵의 기초적인 자료들을 수집한 것이다. 이어서 이 창업자가 "내 아이템의 사업적 성격이 무엇인지 알려 줘"라고 질문하자, 챗지피티는 이 독서 모임 플랫폼의 성격을 교육 및 커뮤니티 기반 서비스로 규정하면서 자기 계발 중시, 커뮤니티 구축, 멤버십 모델 등의 특징을 짚었다. 또 "이 사업의 성공 핵심 포인트는?"라는 물음에는 양질의 콘텐츠 제공, 활발한 참여 유도, 지속적 개선 등 성공 요소를, "가장 큰 위험 요소는?"에는 초기 참여 저조, 시장 경쟁 심화, 지속성 부족 등의 잠재 리스크를 제시했다. 이러한 일련의 대화를 통해, 창업 아이디어의 전반적 그림부터 세부 성공 조건과 위험 요인까지 세부적으로 살펴볼 수 있다. 과거 같으면 업계 지식이 풍부한 멘토와 여러 차례 만나야 얻을 법한 통찰을 AI와의 대화만으로 빠르게 얻을 수 있다.

물론 챗지피티가 전지전능한 것은 아니기에 그 한계도 인지해야 한다. 방금 언급한 사례에서 AI가 준 답변들을 들여다보면 상당 부분은 교과서적인 일반론이다. 실제로 한 대학생 창업자는 챗지피티가 플랫폼 창업 아이디어를 나열해 주자 "포괄적이고 뻔한 정보라 새로운 아이디어를 주진 못한다"고 평했다. 요컨대 AI가 제시하는 내용은 기본기가 없는 초심자에게는 도움이 될 수 있지만, 업계 전문가가 보기에는 이미 알고 있는 수준의 평이한 정보일 수 있다. 따라서 AI의 답변을 출발점이나 체크리스트 정도로 활용하고, 정말 혁신적인 부분은 창업자 본인의 통찰과 상상력으로 채워야 한다. 예를 들어 챗지피티가 열거한 흔한 사업 아이템들을 곧이곧대로 받아들이기보다는, 그중에서 마음에 드는 것을 고른 뒤 "여기에 최신 트렌드인 구독 경제를 접목하면 어떨까?", "이 아이디어를 시니어층 대상 버전으로 변형해 줘" 등 추가 질문을 던져 새로운 각도를 모색하는 심화 과정이 필요하다. 이렇게 하면 AI도 단순히 알고 있는 상식을 반복하기보다 더욱 구체적이고 참신한 아이디어 방향을 제시하게 된다. 중요한 것은 AI가 준 아이디어를 맹신하지 않고 비판적으로 재구성하는 창업자의 태도다. 언어 모델은 든든한 아이디어 뷔페를 차려주지만, 무엇을 맛보고 조합할지는 결국 사람 몫이다. 이러한 사람과 AI의 협업을 통해 예비 창업자는 아이디어 구상의 초벌 작업을 빠르게 마치고, 더 깊이 있는 기획 단계로 나아갈 수 있다.

AI를 활용한 고객 페르소나 정의

창업 아이템이 떠올랐다면 "과연 누가 내 제품을 사용할까?"를 고민해야 한다. 이때 유용한 것이 고객 페르소나(Persona)다. 페르소나란 이상적인 타깃 고객을 대표하는 가상의 인물로서, 그 사람의 나이, 직업, 성격, 취향, 생활 습관, 고민거리 등을 설정해 보는 것이다. 마치 소설 속 등장인물을 만들듯 가상의 고객 프로필을 만드는 것이다. 이를 통해 막연한 대상이 아닌 구체적인 한 사람을 상정하게 되면, 서비스 디자인이나 마케팅 전략을 세울 때 방향성이 뚜렷해진다. 예를 들어 20대 직장인 김민지라는 페르소나를 정의했다면, "민지라면 이 기능을 편리해할까?", "민지는 어떤 경로로 이 서비스를 알게 될까?"와 같이 보다 현실적인 관점에서 아이템을 다듬을 수 있다. 한마디로, 페르소나는 우리 제품의 이상적 고객에 대한 이해를 돕는 나침반 역할을 할 수 있다.

예전에는 이런 페르소나를 만들려면 시장 조사와 고객 인터뷰를 수행해야 했다. 설문 조사 데이터를 모으고 분석하거나, 잠재 고객을 직접 찾아가 대화를 나눈 뒤 그 내용을 정리해 페르소나를 그려 냈다. 하지만 AI의 도움으로 이제는 초기 단계부터 손쉽게 페르소나 초안을 얻을 수 있게 되었다. 예비 창업자가 아직 고객을 한 명도 확보하지 못한 상황이라도 걱정할 필요는 없다. 챗지피티 같은 생성형 AI에 아이템 개요와 추정되는 타깃층을 설명하면, AI가 일반적인 데이터에 근거해 그럴듯한 가상 고객상을 생성해 준다. 가령 "나는 서울에서 맞벌이 부부를 위한 저녁 도시락 배달 서비스를 구상 중인데, 전형적인 고객 페르소나를 알려 줘"라고 물어볼 수 있다. 그러면 AI는 "30대 초반 직장인 부부 A 씨"를 예시로 들면서 그들이 퇴근 후 요리할 시간은 부족하지만 건강한 식사를 원하고, 온라인 서비스 이용에 익숙하며, 가격 민감도는 낮은 편이라는 등 상세한 프로필을 만들어 줄 수 있다. 실제 사례를 보면, 사업 아이디어 초기 단계에서 생성형 AI로부터 얻은 페르소나는 창업자가 막연히 상상했던 고객상을 구체화해 주는 데 도움을 준다. 이는 자본이나 시간이 부족한 1인 창업자에게 특히 유용한데, 전문적인 시장 조사를 수행할 여력이 없더라도 AI를 통해 기본적인 고객 가설을 세울 수 있기 때문이다.

정의된 페르소나는 이후 제품 개발과 마케팅의 가이드로 활용된다. 재미있는 점은, AI는 페르소나 생성에서 그치지 않고 페르소나를 활용한 가상 피드백까지 제공해 준다는 것이다. 예를 들어 AI에게 페르소나 역할극을 시켜볼 수 있다. "당신은 32세 직장인 A입니다. 이 스타트업의 도시락 서비스를 접했을 때 어떤 생각과 느낌이 드나요?"라고 물으면, 챗지피티는 마치 그 가상의 A 씨가 된 것처럼 "퇴근 후 식사 고민을 덜 수 있어 좋지만, 가격이 조금 부담되네요. 주 3회 정도 이용해 볼 것 같아요" 등의 답변을 내놓을 수 있다. 이는 마치 모의 고객을 앉혀 두고 인터뷰하는 효과를 준다. 또 "이 서비스의 어떤 점을 개선하면 좋을지 고객 입장에서 말해 줘"라고 하면 예상 불만이나 개선 아이디어를 얻을 수도 있다. 이러한 AI와의 시뮬레이션 대화는 실제 사용자 테스트를 해보기 전에 저비용으로 가설을 점검하는 방법이다. 다만 어디까지나 AI의 응답은 가상의 설정에 기반한 추론일 뿐이므로, 이를 절대적인 결론으로 받아들이면 안 된다. AI 페르소나의 가장 큰 가치는 '초기 가설 제공'에 있다. 이후 실제 잠재 고객들과 접촉할 기회가 생긴다면, 반드시 현실 세계의 목소리로 페르소나를 보정해야 한다. 예컨대 소규모 베타 테스트나 설문 조사를 통해 얻은 데이터와 AI 페르소나를 비교하며, 맞는 부분과 빗나간 부분을 식별해야 한다. AI가 아무리 그럴듯한 고객상을 제시해 줘도 그것은 시작점일 뿐이며, 시장 현장의 피드백이 최종 나침반임을 명심해야 한다. 요약하면, 생성형 AI 덕분에 1인 창업자도 손쉽게 고객 페르소나를 그려볼 수 있는 시대가 되었고, 이를 통해 초반 방향성을 잡을 수 있지만, 그 가설을 실제 사업에 적용하기 전에는 현실 검증을 거쳐 정교화해야 한다는 것이다.

AI를 활용한 프로토타이핑 및 검증

아이디어와 대상 고객이 마련되었다면, 이제 "과연 이 사업이 실현 가능하며 시장의 반응이 있을까?"를 시험해 볼 차례다. 스타트업 업계에서는 프로토타이핑(시제품 만들기)과 아이디어 검증이 성공의 열쇠라고 한다. 실제로 한 조사에 따르면 스타트업의 42%가 시장이 원치 않는 제품을 만들었기 때문에 실패한다고 한다. 참신한 아이디어라고 생각해서 묵묵히 개발했지만, 정작 내놓고 보니 고객이 관심 없어 좌절하는 경우가 그만큼 많다는 뜻이다. 그래서 요즘 창업 트렌드는 "완벽하지 않아도 좋으니 빨리 만들어서 사용자의 피드백을 받아라"로 요약된다. 예전에는 시제품을 만들려면 프로그래밍, 디자인, 자재 조달 등 여러 분야의 전문 인력이 필요해 시간과 비용이 많이 들었지만, 이제는 AI가 이러한 초기 제작 과정을 적극 도와주고 있다. 1인 창업자라도 AI를 활용하면 마치 몇 명의 직원을 둔 효과를 낼 수 있다는 말이 나오기도 한다. 그만큼 개발 리소스를 효율화하고 속도를 높여주는 AI 도구들이 등장했다는 뜻이다.

예를 들어 제품 UI/UX 디자인 단계에서 과거에는 디자이너의 손을 빌려 와이어프레임(Wireframe)을 그려야 했다면, 이제는 텍스트로 아이디어만 설명하면 자동으로 화면 예시를 만들어 주는 AI 도구들이 있다. 실제 사례로, Relume 등의 디자인 툴에 접목된 AI는 "채팅 화면처럼 보이는 앱"이라고 입력하면 몇 분 안에 요청받은 콘셉트의 UI 와이어프레임을 생성해 준다. 마찬가지로 웹사이트 제작도 AI의 도움을 받을 수 있는데, 제품 소개용 랜딩 페이지 문구를 챗지피티에게 맡기면 알아서 마케팅에 어울리게 글을 써 주고, 이미지 생성 AI를 활용하면 제품 콘셉트에 맞는 홍보 이미지나 로고 시안도 뚝딱 만들어 낼 수 있다. 과거라면 카피라이터, 웹디자이너가 필요한 작업이 이제는 창업자 혼자서도 AI를 통해 어느 정도 결과물을 얻어낼 수 있게 되었다. 심지어 초기 코딩

작업에도 AI 코딩 비서가 투입되고 있다. 간단한 웹 서비스 프로토타입은 깃허브의 코파일럿이나 챗지피티의 코드 생성 능력을 활용해 뼈대를 세울 수 있고, 오류가 나면 어디가 문제인지 물어가며 수정해 나갈 수도 있다. 즉, 아이디어 단계에서는 정교함보다는 돌아가는지 여부를 빨리 확인하는 것이 중요한데, AI가 든든한 조력자가 되어 일단 굴러가는 기본 모델을 짧은 시간 안에 만들어 볼 수 있게 한 것이다. 이렇게 완성한 디지털 시제품은 잠재 고객이나 투자자 앞에서 실제 데모처럼 보여줄 수도 있고, 내부적으로도 "우리 아이디어가 이런 형태로 구현될 수 있구나" 하고 감을 잡게 해준다. 대충 만든 시제품이라도 사용자의 반응을 보면 개선 방향을 잡을 수 있다.

아이디어 검증 단계에서도 AI는 혁신적인 역할을 한다. 예를 들어 가설 검증을 위한 시장 조사에 몇 달을 들이던 일을 이제 며칠 만에 해낼 수 있다. 앞서 언급한 고객 페르소나를 다시 활용해 보면, 챗지피티에게 "이런 콘셉트의 서비스에 대해 사용자들이 흔히 궁금해 할 점은 뭐가 있을까?"를 물어 FAQ 리스트를 뽑아볼 수 있다. 또는 "이 제품에 투자를 고려하는 사람이 가장 우려할 부분이 뭐지?"라고 물어보면 비즈니스 모델의 약점을 짚어내는 답변을 줄 수도 있다. 이는 곧 잠재적 문제를 선제 파악하게 도와준다는 점에서 유용하다. 더 나아가, 아예 간이 시장 테스트를 AI와 함께 진행할 수도 있다. 실제 창업 사례 중에는, 정식 제품을 출시하기 전에 가짜 랜딩 페이지를 만들어 온라인 광고를 돌린 뒤, 방문자들의 가입 의향을 측정해 시장 관심도를 확인한 경우들이 많다. 이때 랜딩 페이지의 콘텐츠나 광고 문구도 AI가 척척 만들어 주니 1인 창업자도 큰 노력 없이 "있어 보이는" 테스트 페이지를 운영할 수 있다. 이런 사전 검증 실험도 AI 덕분에 진입 장벽이 낮아진 것이다. 나아가 사용자 피드백 분석에도 AI를 활용할 수 있다. 시제품 사용 후 얻은 피드백이 텍스트로 잔뜩 쌓이면, 이를 일일이 읽지 않고 AI에게 요약과 분류를 시킬 수 있다. 이렇게 하면 대부분의 피드백이 긍정적인지, 부정적인지, 주요 칭찬과 불만 요소는 무엇인지를 한눈에 파악할 수 있다. 과거에는 애널리스트가 며칠간 분류 작업을 해야 보였을 인사이트를 이제는 AI가 즉각적으로 보여줄 수 있으니, 창업자는 그만큼 빨리 고객의 요구 사항을 제품과 서비스에 반영할 수 있다.

AI 활용의 진가를 잘 보여 준 한 예로, 어느 소규모 스타트업 팀의 3일 검증 스프린트 사례를 들 수 있다. 이 팀은 경험 많은 1인 창업자와 협업해 새로운 사업 아이디어 몇 가지를 탐색했는데, 불과 3일 만에 2주치 이상의 업무 진전을 이뤄 냈다고 한다. 이 스타트업 팀의 경우 첫날에는 챗지피티 기반 도구를 활용해 관련 시장 정보를 조사했다. 특정 산업에 대한 1만 자 분량의 조사 리포트를 AI로부터 얻어 핵심만 정리했고, 잠재 고객들과의 인터뷰도 AI가 통화 내용을 요약해 주어 빠르게 인사이트를 축적했다. 둘째 날에는 아이디어를 조금 방향 전환하면서 프로토타입 디자인에 돌입했는데, AI 비서에게 제품 콘셉트를 설명하며 UI 아이디어와 사용자 흐름에 대한 조언을 구했다. 그 결과 초기 와이어프레임 몇 개가 즉시 나왔고, 전날 확보한 고객 인터뷰 내용을 반영해 기능 우선순위도 정리되었다. 불과 이틀 만에 처음보다 더 탄탄해진 아이디어와 실제 유저 의견이 반영된 와이어프레임, 그리고 이 사업이 어떻게 AI를 활용해 혁신을 이룰지에 대한 가설까지 마련된 것이다. 셋째 날에는 AI 디자인 툴을 이용해 와이어프레임을 고도화하고, 엑셀 대신 AI 기반 금융 모델링 도구를 활용해 대략적인 수익 예측까지 뽑아 봤다. 그야말로 사흘 만에 아이디어 구상 → 고객 조사 → 시제품 디자인 → 사업성 검토까지 한 사이클을 돌린 셈이다. 팀원은 이 경험을 두고 "AI 도구들을 곳곳에 활용한 덕분에 예전 같으면 최소 2주는 걸렸을 일을 3일로 단축했다"면서, AI의 도움으로 초기 창업 프로세스가 얼마나 기민해질 수 있는지 실감했다고 전했다. 이 사례는 적절한 AI 활용 전략만 있다면 1인 혹은 소형 팀도 짧은 시간에 아이디어를 실전처럼 검증해 볼 수 있다는 것을 보여 준다.

물론 AI가 모든 것을 알아서 다 해주는 마법 지팡이는 아니다. 프로토타입을 만들고 검증할 때에도 사람의 판단과 보완이 중요하다. 첫째로, AI가 생성한 결과물이 현실적으로 구현 가능한지 살펴야 한다. 예를 들어 AI가 "이 서비스에 음성 인식 기능을 넣으면 좋겠다"고 제안했어도, 내가 그 기능을 만들 기술이나 자본이 없다면 채택하지 않는 것이 현명하다. 둘째로, AI의 분석이 편향되거나 부정확할 수 있음을 유의해야 한다. 데이터가 충분치 않은 상태에서 AI에게 예측을 맡기면 틀린 결론을 낼 수도 있으므로, 검증 실험은 가능하면 간단하게라도 실제 유저 반응으로 확인하는 것이 안전하다. 셋째는 창업자의 창의적 개입이다. AI가 준 인사이트를 있는 그대로 따르는 데 그치지 말고, 그 안에서 사람만이 포착할 수 있는 함의를 찾아내야 한다. 예컨대 AI가 요약한 피드백에서 "사용자가 초반 설정을 번거로워한다"는 내용이 보인다면, 창업자는 이를 해결하기 위해 온보딩 과정을 게임처럼 만들어 주는 기획을 떠올릴 수 있다. 이런 부분은 결국 사람의 몫이다.

결국 AI 시대의 1인 창업은 이전 시대와 상당히 다른 양상으로 전개되고 있다. 과거에는 혼자서 모든 것을 한다는 게 불가능에 가까웠다면, 이제는 AI를 적재적소에 활용함으로써 작은 힘으로 큰일을 해낼 수 있는 환경이 열리고 있다. 요즘 성공한 1인 기업 사례들을 보면, 핵심 역량은 본인이 쥐고 있으면서 개발, 디자인, 마케팅 카피 등은 AI 도구들에게 맡겨 초기 성과를 낸 경우가 많다. 이는 비단 속도와 비용 측면에서만 이로운 것이 아니다. 아이디어를 실제로 검증해 볼 수 있는 진입 장벽이 낮아졌다는 것은, 더 많은 사람들이 창의적인 실험을 시도해 볼 수 있게 되었음을 의미한다. 오늘 좋은 아이디어가 떠올랐다면, 거창한 사업 계획서 작성에 앞서 노트북을 열고 AI와 함께 간이 실험부터 해 보는 시대다. 물론 이렇게 손쉽게 검증해 볼 수 있는 만큼 경쟁도 치열해질 수 있다. 하지만 시대의 흐름은 분명하다. AI를 활용하는 창업자는 민첩하게 가설을 검증하고 피드백을 반영하면서 소비자의 요구 사항에 맞게 다가가고, 그렇지 않은 창업자는 더디게 움직이다 기회를 놓칠 가능성이 크다. 결국 기술은 도구일 뿐, 그 도구를 어떻게 활용하느냐가 성패를 가른다. AI라는 새 시대의 무기를 손에 쥔 예비 1인 창업자들이라면, 이제 AI와 함께 날마다 소통하며 빠르게 배우고 자기만의 사업을 만들어 볼 용기를 가져볼 만하다. 이는 패러다임의 전환이며, 그 변화의 중심에 선 1인 창업자들에게 전에 없던 기회가 찾아왔다고 할 수 있다.

참고문헌

김장길(2023). “ChatGPT를 통해 보는 스타트업 트렌드: 새로운 기회와 위협”. 서울공대 웹진. https://webzine-eng.snu.ac.kr/web/vol127/sub0602.html

민세훈(2023.8.11). “생성형 AI, 마케터의 활용법”. 《매일경제》. https://www.mk.co.kr/economy/view.php?sc=50000001&year=2023&no=614861

스타트업 실험실(2024). 《30일에 끝내는 AI 활용 1인 창업 가이드》. 도서출판섬.

이덕주(2023.11.29). “B급동료에 열받느니 너랑 일할래… 1인 기업 ‘생산혁명’ 불붙인 AI”. 《매일경제》. https://www.mk.co.kr/news/world/10886071

이진형(2023). 《AI 비즈니스 레볼루션》. 포르체.

전용준(2023.12.31). “2024년 기업의 생성 AI 혁신…기회, 도전 그리고 전략”. 《컴퓨터월드》. https://www.comworld.co.kr/news/articleView.html?idxno=51022

지광현(2025.3.5). "인건비가 아쉬운 스타트업 CEO라면? 챗GPT 활용 전략". 《유니콘뉴스》.
https://www.unicornnews.co.kr/news/articleView.html?idxno=195

Delve AI(2024). "How to create personas using ChatGPT: Template prompts, tools and examples".
https://www.delve.ai/blog/personas-chatgpt

Kranseler, K.(2025.3.17). How to validate product ideas quickly (Without writing a single line of code). Productside.
https://productside.com/validate-product-ideas-fast/

O'Brien, P.(2024.11.19). Using ChatGPT for Your Startup's Success. Medium.
https://seobrien.medium.com/using-chatgpt-for-your-startups-success-1588502d4dd7

Shadchnev, E.(2025.3.2). 7 AI tools saved me 2 weeks of work in a 3-day sprint. Evgeny's Substack.
https://substack.evgeny.coach/p/my-ai-ideation-workflow

04
AI 기반 브랜드 디자인

AI를 활용하면 1인 창업자도 브랜드 아이덴티티를 손쉽게 구축할 수 있다. 브랜드 이름, 슬로건, 스토리, 톤 앤드 매너(Tone and Manner) 등을 언어 모델과의 대화를 통해 빠르게 도출할 수 있고, 로고와 심벌 디자인도 AI 기반 이미지 생성기로 수십 가지 시안을 받아 선택 · 편집할 수 있다. SNS 콘텐츠, 영상, 음악 등 다양한 매체에서도 AI 도구를 통해 일관된 브랜드 표현이 가능해졌다. AI는 창의적인 아이디어 실행을 돕는 효율적 도구로, 강력한 브랜드를 만들 수 있다.

AI와 사주?

AI를 활용한 브랜드 아이덴티티 정의

브랜드 아이덴티티는 기업이나 제품이 지닌 고유한 성격과 가치를 정의하는 것으로, 브랜드 이름, 슬로건, 미션과 비전, 스토리, 톤 앤드 매너 등으로 구성된다. 과거에는 이러한 아이덴티티를 정립하기 위해 브레인스토밍을 거듭하거나 전문 브랜드 컨설턴트의 도움을 받아야 했다. 그러나 오늘날에는 대규모 언어 모델 같은 AI의 발전으로 1인 창업가도 손쉽게 브랜드를 구상할 수 있게 되었다.

예를 들어 스타트업을 시작하는 창업자는 먼저 브랜드 이름을 짓는 과정에서 언어 모델의 도움을 받을 수 있다. 원하는 콘셉트나 키워드, 업종을 알려 주면 챗지피티 같은 모델은 해당 정보를 토대로 다수의 이름 후보를 제안한다. 실제로 2023년 말, 구글 출신의 AI 마케팅 전문가 나탈리 램버트(Natalie Lambert)는 자신의 컨설팅 스타트업 이름을 결정하는 데 챗지피티와 구글 바드를 적극 활용했다. 편향되지 않은 아이디어를 얻기 위해 개방형 질문을 던져 여러 후보 명을 받은 뒤, 그중 마음에 드는 이름들이 있으면 "이 이름들을 바탕으로 AI와 관련된 재미있는 단어를 섞어 변형해"와 같이 추가 요청을 하며 AI와 대화형 브레인스토밍을 진행했다. 이러한 과정을 거쳐 그녀는 최종적으로 "젠에지(GenEdge)"라는 이름을 선택했고, 마침 해당 도메인도 사용 가능함을 확인한 뒤 결정을 확정지었다. 이처럼 언어 모델을 활용하면 혼자서도 마치 팀원들과 회의하듯 다양한 작명 아이디어를 빠르게 얻고 다듬을 수 있다.

브랜드 이름뿐만 아니라 슬로건이나 브랜드 스토리를 만드는 데에도 AI 언어 모델은 유용하다. 예컨대 "우리 브랜드의 핵심 가치를 한 문장으로 표현해 줘"라고 물어 슬로건 초안을 얻거나, "회사가 설립된 배경과 비전을 감성적으로 풀어 줘"라고 요청해 기업의 스토리텔링을 만드는 식이다. 언어 모델은 방대한 문장 예시를 참고해 사람들에게 감명을 줄 수 있는 문구를 생성해 주고, 창업자는 자신의 추상적인 비전을 구체적인 언어로 정리할 수 있다. 이미 생각해 둔 문구가 있다면 "조금 더 부드러운 어조로 바꿔 줘" 혹은 "젊은 밀레니얼 세대에게 어필할 수 있게 표현해 줘" 같은 프롬프트를 입력해 문장 톤을 조절할 수도 있다.

언어 모델을 활용한 브랜드 아이덴티티 정의의 장점은 비전문가도 손쉽게 완성도 높은 결과물을 얻을 수 있다는 점이다. 전문적인 카피라이터가 아니어도 AI의 도움을 받아 그럴듯한 소개 글이나 고객에게 어필할 문구를 얻을 수 있다. 또한 시간과 비용 절감 측면에서도 큰 이점이 있다. 몇 주씩 걸릴 수 있는 네이밍 작업이나 슬로건 선정 작업을 몇 시간 내지 며칠 안에 끝낼 수 있고, 별도의 인력 고용 없이도 결과물을 확보할 수 있다. 특히 1인 기업이나 예비 창업자의 경우 자금이나 인적 자원이 부족하므로, 이러한 AI의 조력은 브랜드 구축 초기 단계의 부담을 크게 낮춰 준다.

또한 언어 모델은 시장 조사나 경쟁 브랜드 분석에도 활용할 수 있다. 예를 들어 챗지피티에게 경쟁 업체들의 제품 특징이나 마케팅 문구를 알려준 뒤 "우리 브랜드가 돋보일 수 있는 차별화 전략을 제안해 줘"라고 물으면, 객관적인 시각에서 새로운 포지셔닝 아이디어를 얻을 수 있다. 이러한 AI의 분석은 전문가만큼 깊이는 부족하지만, 단시간에 시장 상황을 파악하고 브랜딩 방향을 잡는 데 참고 자료로 활용할 수 있다.

AI가 제안한 여러 후보 중 하나를 선정했다면, 그 이름이 혹시 다른 의미로 오해되지 않는지, 발음하기 어렵지는 않은지, 상표로 등록 가능한 정도로 독창적인지 등을 추가로 검토해야 한다. AI가 미처 알지 못하는 문화적 뉘앙스나 법률적인 부분(상표 등록 충돌 등)은 결국 인간 전문가의 판단이 필요한 영역이다.

한편, 언어 모델은 브랜드의 톤 앤드 매너를 잡는 데에도 활용할 수 있다. 예를 들어 고객 대응 매뉴얼이나 SNS 콘텐츠의 문체를 정할 때 "우리 브랜드는 20대 초반 여성 고객을 대상으로 하니까 밝고 경쾌하지만 신뢰감을 주어야 한다"고 설명하면, AI는 해당 톤에 맞춰 예시 응답이나 문장을 생성해 준다. 이를 토대로 브랜드만의 화법 가이드라인을 만들 수 있고, 이렇게 정립된 가이드라인을 실제 업무에 적용하면 혼자서 마케팅 글을 쓰거나 고객 문의에 답변할 때도 브랜드의 일관된 목소리를 유지할 수 있다.

나아가 기업의 규모가 좀 더 커진 사례에서는 브랜드 전용 언어 모델을 구축하는 시도도 나타나고 있다. 제품 설명, 이전 마케팅 자료, 내부 문서 등 브랜드 관련 데이터를 AI 모델에 학습시켜 회사만의 맞춤형 챗봇을 만들면, 새로운 마케팅 문구를 만들거나 자료를 작성할 때 일일이 사람이 검수하지 않아도 AI가 브랜드의 어조와 규정에 맞게 초안을 생성해 줄 수 있다. 실제 마케팅 업계에서는 '브랜드 대규모 언어 모델'이라는 개념이 2024년 들어 주목받고 있으며, 이를 도입하면 각 지역 시장의 언어와 법규에 맞춰 현지화된 콘텐츠를 만들면서도 전 세계적으로 브랜드 메시지의 일관성을 유지할 수 있다. 대

기업처럼 채널과 국가가 다양한 경우 사람이 모든 것을 통제하기 어렵기 때문에, AI가 디지털 브랜드 가디언 역할을 함으로써 효율과 일관성을 동시에 잡는 것이다. 이러한 기술은 아직 초기 단계이지만, 머지않아 상용화된다면 작은 스타트업도 자체 AI 브랜드 비서를 두고 콘텐츠 제작과 관리에 활용하는 시대가 열릴 수 있다.

AI 서비스를 활용한 로고 및 심벌 제작

기업의 브랜드 아이덴티티에서 시각적인 요소, 특히 로고와 심벌 디자인은 매우 중요하다. 로고는 소비자가 브랜드를 처음 인지할 때 마주하게 되는 얼굴과도 같아서 기억에 남으면서도 의미를 담고 있어야 한다. 전통적으로 로고를 만들려면 전문 디자이너에게 의뢰하거나 스스로 디자인 프로그램을 다룰 줄 알아야 했다. 하지만 최근 등장한 AI 기반 로고 생성 서비스를 이용하면 디자인 경험이 없는 사람도 손쉽게 멋진 로고 시안을 얻을 수 있다.

이들 AI 로고 생성 서비스는 대개 웹사이트 형태로 제공되며, 사용자가 몇 가지 질문에 답하는 것만으로도 멋진 결과물을 만들어 낸다. 예를 들어 회사 이름, 업종 또는 슬로건, 선호하는 스타일이나 색상 등을 입력하면 AI

알고리즘이 방대한 디자인 요소 데이터베이스를 활용해 그에 맞는 로고 디자인 수십 가지를 자동으로 만들어 낸다. 이 방식은 단순히 정해진 템플릿을 보여 주는 것을 넘어, 입력 정보에 최적화된 새로운 그림이나 아이콘을 조합할 수 있다. 이렇게 생성된 로고 시안들은 다양한 서체, 아이콘, 색상 조합으로 제시되어 사용자가 취향에 맞는 것을 선택할 수 있게 한다. 몇 분 내에 여러 가지 디자인을 한꺼번에 받아볼 수 있기 때문에, 마음에 드는 방향을 발견할 확률도 높아진다.

대표적인 AI 로고 제작 서비스로 룩카(Looka), 브랜드마크(Brandmark), 네임릭스(Namelix), 테일러브랜즈(Tailor Brands) 등이 있다. 이들은 기본적인 사용 방법은 유사하지만, 각기 조금씩 다른 개성을 갖고 있다. 예를 들어 룩카와 브랜드마크는 아이콘과 텍스트가 결합된 전형적인 로고 디자인을 여러 스타일로 만들어 주는 반면, 네임릭스는 단순한 글자 로고 위주로 깔끔한 결과물을 내는 경향이 있다. 네임릭스가 제시한 로고는 배경 색상과 글자체만 바꿔가며 매우 미니멀하게 나오기 때문에 자칫 밋밋해 보일 수 있지만, 단순함을 추구하는 브랜드에 잘 어울릴 수도 있다. 반면 룩카는 아이콘 도형과 회사명을 함께 배치한 디자인을 다양하게 추천해 주는 데, 추상적인 심벌부터 직관적인 그림 아이콘까지 폭넓은 스타일을 보여 준다. 또한 룩카에서 마음에 드는 시안을 선택하면 이후 색상 변경, 글꼴 크기 조절 같은 세부 편집이 가능한 장점도 있다.

AI로 만든 로고를 실제 사업에 활용하려면 고해상도 이미지나 벡터 파일 형식으로 내려받아야 하는데, 대부분의 서비스는 유료 결제를 통해 이러한 파일을 제공한다. 앞서 언급한 나탈리 램버트의 사례에서도, 그녀는 여러 AI 로고 생성기를 시험한 끝에 브랜드마크에서 얻은 최종 디자인을 약 65달러에 구매했다. 이때 디자이너 패키지를 통해 로고의 고해상도 파일뿐만 아니라 문서, 슬라이드, 명함, 편지지 등 다양한 형식으로 활용할 수 있는 브랜드 자산 세트를 함께 받았다. 즉, 한번 비용을 지불하면 해당 로고의 저작권을 확보함과 동시에 실무에 바로 쓸 수 있는 여러 디자인 산출물을 얻을 수 있으므로, 결과물 활용 측면에서도 효율적이다. 일반적으로 20~100달러 수준의 비교적 저렴한 비용으로 이러한 패키지를 제공하기 때문에, 전문 디자이너에게 별도로 의뢰하는 것과 비교하면 가격 경쟁력 역시 상당히 높다.

로고와 함께 사용할 심벌이나 아이콘을 만들 때도 AI는 유용하다. 예컨대 앱 아이콘이나 웹사이트 파비콘

(favicon), 또는 제품에 새길 작은 심벌 마크가 필요하다면 생성형 이미지 모델로 원하는 그림을 얻을 수 있다. 미드저니나 달리 같은 이미지 생성 AI에 "○○를 형상화한 심벌 디자인"처럼 프롬프트를 주면 관련된 다양한 이미지를 보여 주는데, 이를 참고해 아이디어를 구상하거나 그 결과물을 편집해 활용할 수도 있다. 다만 이미지 생성 AI가 만들어 낸 로고 형태의 그림은 벡터 형식이 아니고, 다른 브랜드의 기존 이미지를 학습한 결과일 수 있기 때문에 저작권 및 상표 이슈를 주의해야 한다. 가급적 상업적으로 이용 가능한 아이콘만 사용하는 것이 안전하며, 필요한 경우 AI가 생성한 결과를 토대로 전문 디자이너가 벡터 그래픽으로 다시 그리는 과정을 거치는 편이 좋다.

참고문헌

이소영(2012.9.5). "유명 과학 저널 〈사이언스〉지는 누가 만들었을까". 《KISTI의 과학향기》, 1688.

허니보틀(2024). "AI 로고 생성 Top 3 비교 – ChatGPT, Looka, Namelix". 허니보틀 블로그. https://honeybottle.co.kr/ai-로고-생성-top-3-비교-chatgpt-looka-namelix/

Gianatasio, D.(2022). Asked to 'Draw Ketchup,' Even A.I. chose Heinz. Muse by Clio.

https://musebyclios.com/digital-data/asked-draw-ketchup-even-ai-chose-heinz/

Lambert, N.(2023.11.6). How I built my startup in the AI era: branding, website, and beyond. LinkedIn. https://www.linkedin.com/pulse/how-i-built-my-startup-ai-era-branding-website-beyond-natalie-lambert-tszdf/

Pontin, J.(2012.6.4). Technology review goes digital first. MIT technology review. https://www.technologyreview.com/s/428072/technology-review-goes-digital-first/

Riemersma, F.(2024.12.10). Why your company needs a brand LLM to thrive. MarTech. https://martech.org/why-your-company-needs-a-brand-llm-to-thrive/

Squires, P.(2023.7.26). Brands in the age of generative AI. Medium. https://paulsq.medium.com/brands-in-the-age-of-generative-ai-2906fc4d4b46

05
AI를 활용한 마케팅 전략

생성형 AI 언어 모델의 등장은 1인 창업자에게 마케팅 기획, 콘텐츠 제작, 성과 분석 등 전반적인 마케팅 업무를 효과적으로 수행할 수 있는 도구가 되고 있다. 아이디어 브레인스토밍, 블로그 · SNS 콘텐츠 작성, 유튜브 영상 기획과 편집, 고객 반응 분석까지 대부분의 과정이 AI를 통해 자동화되며, 전문 인력 없이도 마케팅 역량을 확보할 수 있다. 단, AI 결과물은 창업자의 창의성과 판단으로 보완되어야 하며, 기술을 적극 활용하는 태도가 경쟁력을 좌우한다.

AI와 아이돌?

언어 모델을 활용한 마케팅 기획

생성형 AI 언어 모델의 등장은 마케팅 기획 방식에도 큰 변화를 가져왔다. 과거에는 새로운 마케팅 아이디어를 구상하고 시장 조사를 하는 데 많은 시간과 노력이 들었지만, 이제는 챗지피티 같은 언어 모델을 통해 빠르게 아이디어를 얻고 전략을 수립할 수 있다. 예를 들어 복잡한 사업 계획서를 처음부터 작성하는 대신, 챗지피티에게 몇 가지 키워드나 목표를 입력하면 캠페인 목표부터 광고 문구, 채널 전략까지 초안을 자동으로 생성해 준다. 이처럼 AI를 활용하면 마케팅 경험이 부족한 사람도 혼자서 기존 마케팅 팀이 하던 업무를 효과적으로 수행할 수 있다.

언어 모델은 마케팅 아이디어 브레인스토밍에서 탁월한 도움이 된다. 혼자 사업을 준비할 때 가장 어려운 것 중 하나가 남들과 다른 참신한 홍보 아이디어를 떠올리는 일인데, 대규모 언어 모델은 무궁무진한 제안을 던져주는 아이디어 뱅크 역할을 한다. 예를 들어 공예품을 판매하는 1인 기업이라면, 챗지피티에게 "예산을 많이 들이지 않고 SNS에서 바이럴될 수 있는 홍보 아이디어를 추천해 줘"라고 물어볼 수 있다. 그러면 AI는 제품 제작 과정을 영상으로 공유하는 챌린지부터, 팔로워 참여형 이벤트, 고객 후기 콘텐츠 등 생각보다 괜찮은 제안들을 내놓는다. 이렇게 AI와 대화를 주고받으며 마치 팀원과 브레인스토밍하듯 생각을 확장하면, 혼자서는 생각하기 어려웠던 마케팅 아이디어들을 얻을 수 있다.

AI는 경쟁사 동향 파악이나 시장 정보 수집에도 활용될 수 있다. 챗지피티에게 주요 경쟁 업체들의 강점과 약점을 물어보거나 최신 업계 뉴스를 요약해 달라고 하면, 공개된 자료를 바탕으로 간결한 요약과 인사이트를 제공한다. 예를 들어 "최근 국내 카페 창업 시장의 트렌드가 궁금해"라고 질문하면, AI는 관련 기사와 보고서를 참고해 스페셜티 커피 선호 증가, 무인 주문 시스템 확산 등 핵심 흐름을 정리해 줄 수 있다. 이렇게 방대한 정보를 짧은 시간에 추려주므로, 창업자는 시장 환경을 빠르게 이해하고 시대 흐름에 맞춘 마케팅 전략을 수립하는 데 도움을 받을 수 있다.

다만 AI가 제안한 내용이 항상 완벽하거나 정확한 것은 아니므로, 최종 결정은 사람이 내려야 한다. 중요한 데이터나 사실 관계는 다시 한번 확인하고, AI 아이디어에 창업자 본인의 창의성과 경험을 더해 다듬는 과정이 필요하다. 그렇게 할 때 언어 모델은 아이디어 발상부터 전략 수립까지 막막했던 마케팅 기획의 든든한 동반자가 된다. 마케팅 전문 인력을 채용하기 어려운 1인 창업자에게 AI는 이러한 마케팅 지식과 실행력의 공백을 메워주는 동료가 되어 준다.

AI를 활용한 SNS 자동 생성 및 운영

혼자 사업을 할 때 소셜 미디어는 값비싼 광고 없이도 고객과 만날 수 있는 중요한 창구다. 하지만 블로그부터 인스타그램(Instagram), 유튜브까지 여러 채널을 꾸준히 운영하는 일은 1인 사업자에게 벅찰 수 있다. 여기에 AI 도구들을 활용하면 콘텐츠 제작과 게시의 상당 부분을 자동화해 시간과 노력을 아낄 수 있다. AI는 글, 이미지, 동영상 등 다양한 형식의 콘텐츠를 직접 생성하거나 편집할 수 있기 때문에, 이제 창업자는 콘텐츠 크리에이터, 디자이너, 데이터 분석가 등의 역할을 한꺼번에 떠안지 않아도 된다. 아래에서는 블로그, 인스타그램, 유튜브 각 플랫폼별로 AI를 활용해 콘텐츠를 생성하고 운영하는 방법과 사례를 살펴본다.

블로그는 1인 기업이 전문성이나 브랜드 스토리를 꾸준히 알릴 수 있는 대표적인 채널이다. AI를 활용하면 블로그 포스트 주제 선정부터 글 작성까지 많은 부분을 자동화할 수 있다. 먼저 콘텐츠 주제 발굴에 AI를 활용할 수 있다. 예를 들어 "요즘 사람들이 다이어트 관련해서 궁금해하는 점이 뭐지?"와 같이 챗지피티에 질문하면, AI는 온라인상의 트렌드를 바탕으로 "간헐적 단식 식단", "홈 트레이닝 추천 운동" 등 인기 주제를 알려 줄 수 있다.

주제가 정해지면 본문 작성 단계에서도 생성형 AI가 큰 도움을 준다. 챗지피티 같은 모델에 글의 개요나 핵심 키워드를 입력하면, 관련 자료를 종합해 초안 형태의 글을 생성해 준다. 글의 전체 길이나 어조, 포함시킬 내용까지 지시하면 제법 그럴듯한 완성본에 가까운 결과물을 얻을 수 있다. 예컨대 "우리 제품인 비건 단백질 음료의 효능을 소개하는 1000자 분량의 블로그 글을 만들어 줘"라고 AI에게 요청하면, 제품의 성분과 장점, 건강에 도움이 되는 이유 등을 구조적으로 서술한 글을 생성해 준다. 국내에서도 이러한 AI 자동 글쓰기 도구가 등장했는데, 예를 들어 한국형 생성형 AI인 '뤼튼'(Wrtn)은 블로그 글 자동완성 기능을 통해 사용자가 입력한 주제에 맞는 포스트 초안을 작성해 준다. 특히 몇 문장으로 원하는 문체나 말투를 예시로 주면, AI가 글 전체에 그 톤을 반영해 주는 기능도 있어 혼자 쓰면 자칫 밋밋해질 글에 일관된 개성을 부여할 수 있다. 이렇게 작성된 AI 초안은 어디까지나 초벌 원고이므로, 창업자는 마지막에 내용을 보완하고 자신의 목소리를 입혀 완성도 높은 글로 마무리하면 된다. 추가로 AI는 문법 교정이나 가독성 향상 팁을 제공하고, 검색 엔진 최적화(SEO) 측면에서 중요한 키워드가 잘 포함되었는지도 점검해 준다. 이러한 피드백을 반영하면 작성한 글의 품질이 올라갈 뿐 아니라 네이버나 구글 검색 결과에서 상위에 노출될 가능성도 높아진다. AI를 활용하면 글의 뼈대를 잡고 자료 조사를 하는 데 걸리는 시간을 아끼고, 스토리텔링에 집중할 수 있어 콘텐츠 제작 효율이 크게 올라간다.

최근에는 AI로 블로그 운영을 거의 전면 자동화하려는 시도까지 나타나고 있다. AI가 글감을 찾고 포스팅 작성부터 예약 업로드까지 모두 수행해, 운영자는 모니터링만 하는 수익형 블로그를 만들려는 것이다. 실제로 몇몇 1인 창작자들은 하루에 수십 개의 AI 글이 자동으로 올라오는 블로그를 실험하고 있다. 다만 이러한 극단적인 자동화는 콘텐츠 품질 관리와 진정성 측면에서 한계가 있을 수 있다. 따라서 초반에는 AI가 만들어 준 초안을 바탕으로 창업자가 직접 내용을 보완하고 검수하면서, 점진적으로 자동화 비중을 늘려가는 접근이 바람직하다.

인스타그램 같은 비주얼 중심 SNS에서도 AI는 큰 역할을 한다. 1인 사업자는 전문 디자이너 없이도 AI 도구를 활용해 매력적인 이미지와 게시물을 만들 수 있다. 예를 들어 이미지 생성 AI를 이용하면 제품 사진이 없더라도 관련 키워드만으로 관심을 끌 만한 그림이나 그래픽을 얻을 수 있다. 옷 가게를 한다면 "여름 신상품 원피스를 입은 사람들이 해변에서 즐거워하는 장면"처럼 원하는 이미지를 묘사해 AI로 생성하고, 이를 홍보용으로 활용할 수 있다. 실제 사물이 아니더라도 분위기나 콘셉트를 보여줄 수 있으므로 창의적인 비주얼 콘텐츠 제작이 수월해진다.

시각 자료뿐만 아니라 게시물의 문구 작성도 AI가 도와준다. 인스타그램 캡션은 짧지만 팔로워의 관심을 끌어야 하므로 고민이 많이 되는 부분인데, 챗지피티에게 상황을 설명하고 적절한 문구를 요청하면 친근하면서도 상품 가치를 강조하는 카피 문구를 손쉽게 얻을 수 있다. 예컨대 수제 비누를 판매한다면 "피부가 행복해지는 아로마테라피 비누로 오늘 하루 힐링하세요. #힐링타임 #천연비누"와 같이 제품 특징과 감성을 담은 문구를 AI가 제안할 수 있다. 또한 영어 문장력이나 유머 감각이 부족하더라도 AI가 도와주므로, 트렌디한 밈(Meme) 표현이나 센스 있는 이모티콘 활용 등 젊은 층에 어필하는 포스트를 만드는 데도 유용하다.

해시태그 선택 역시 AI로 최적화할 수 있다. 어떤 해시태그를 달아야 게시물이 더 많은 사람에게 노출될지 판단하기 어려울 때, AI는 게시물 내용과 인기 태그를 분석해 맞춤형 해시태그 추천을 제공한다. 예를 들어 앞서 언급한 수제 비누 홍보 게시물이라면, AI는 "#핸드메이드 #피부관리 #힐링템" 등 관련성 높고 검색 빈도가 높은 태그들을 제시할 수 있다. 이를 참고해 태그를 달면 관심사별로 모여 있는 잠재 고객들에게 게시물이 도달할 확률이 높아져 팔로워 유입에도 도움이 된다.

유튜브 같은 동영상 플랫폼에서도 AI는 1인 창업자의 강력한 도우미다. 과거에는 영상 콘텐츠를 제작하려면 기획, 촬영, 편집까지 많은 자원이 필요했지만, 이제는 AI를 통해 비교적 적은 노력으로도 완성도 있는 영상을 만들 수 있다. 우선 영상 아이디어와 대본 작성에 AI를 활용할 수 있다. 예를 들어 제품 사용법을 소개하는 5분짜리 유튜브 영상이 필요하다면, 챗지피티에게 제품 특장점과 전달하고픈 메시지를 알려 주고 영상 스크립트를 작성해 달라고 요청할 수 있다. 그러면 도입부에서부터 주요 내용 전개, 결론 및 CTA(Call To Action, 행동 유도) 문구까지 영상 대본 초안을 빠르게 얻을 수 있다. 실제로 AI 기반의 영상 편집 프로그램 필모라(Filmora)는 오픈AI의 GPT 모델을 내장해 자동으로 유튜브 영상 대본과 구조를 생성해 주는 기능을 제공하기 시작했다. 이에 따르면 키워드만 입력하면 AI가 관련 주제의 개요를 잡고, 영상에 넣을 세부 내용의 틀까지 제시해 주기 때문에 초보자도 쉽게 영상 기획의 윤곽을 잡을 수 있다.

영상 대본이 준비되면 콘텐츠 제작 단계에서도 AI가 여러 역할을 해낸다. 우선 음성 합성 기술을 이용하면 직접 목소리를 녹음하지 않고도 내레이션을 만들 수 있다. 네이버 클로바 더빙, 일레븐랩스(ElevenLabs) 같은 AI 보이스 도구들을 사용하면 사람 목소리와 흡사한 음성이 대본을 읽어 주는데, 남성 또는 여성 목소리나 감정 톤까지 선택할 수 있어 전문 성우 없이도 품질 높은 내레이션을 얻을 수 있다. 얼굴 출연에 부담이 있다면 AI 아바타가 등장하는 영상도 고려해 볼 수 있다. 몇몇 서비스는 텍스트를 입력하면 가상의 AI 캐릭터가 마치 사람처럼 말하고 제스처를 취하면서 설명하는 영상을 만들어 준다. 이를 활용하면 제품 설명이나 교육 콘텐츠 등을 직접 나오지 않고도 제작할 수 있어 영상 출연에 대한 진입 장벽을 낮춰 준다.

영상 편집 분야에서도 AI가 많은 자동화를 이뤄 내고 있다. 예를 들어 유튜브 영상을 제작할 때 일일이 자막을 넣는 대신, AI가 음성을 인식해 자동으로 자막을 생성해 주는 도구가 널리 사용되고 있다. 한국어의 경우 '브루(Vrew)' 같은 프로그램을 이용하면 말한 내용을 정확히 텍스트로 변환해 줄 뿐 아니라, 불필요한 말 반복이나 침묵 구간도 감지해 한 번에 제거해 준다. 덕분에 1인 크리에이터도 전문 편집자 못지않게 깔끔한 영상을 빠르게 완성할 수 있다. 이외에도 장면 전환이나 배경 음악 삽입을 AI가 추천해 주거나, 긴 영상을 요약해 쇼츠(Shorts)용 클립으로 잘라주는 AI도 등장하고 있다. 예를 들어 10분짜리 제품 설명 영상을 업로드하면, AI가 핵심만 추려 1분 미만의 쇼츠 영상 여러 개로 만들어 주는 식이다. 이렇게 하면 긴 영상과 짧은 영상을 모두 확보해 서로 다른 소비 패턴의 시청자들에게 다가갈 수 있다.

이렇듯 AI를 활용하면 유튜브 같은 영상 플랫폼에서도 아이디어 구상, 대본 작성, 음성 녹음, 편집, 요약까지 전 과정을 혼자서 해낼 수 있다. 나아가 이렇게 만들어진 콘텐츠는 AI를 활용해 여러 형식으로 재가공할 수도 있다. 한번 작성한 블로그 글을 AI가 자동으로 요약해 영상 스크립트로 변환하거나, 긴 영상을 잘게 쪼개 여러 개의 쇼츠 영상으로 만들어 주는 식으로 멀티 채널 콘텐츠 생산이 가능하다. 즉, 동일한 아이디어나 소재를 AI의 힘으로 블로그 글, 인스타그램 이미지, 유튜브 등 각 채널에 맞는 형태로 변환해 활용할 수 있다.

AI를 활용한 마케팅 성과 분석

마케팅에서 빼놓을 수 없는 것이 성과 분석이다. 캠페인을 전개했다면 어느 정도 효과가 있었는지, 고객들은 어떤 반응을 보였는지 알아내고 다음 전략에 반영해야 한다. 1인 창업자의 경우 전문 분석 인력이 없어 데이터 해석에 어려움을 겪을 수 있지만, 이 분야에서도 AI는 유용한 솔루션을 제공한다. AI는 방대한 데이터를 사람보다 훨씬 빠르게 처리하고 패턴을 찾아내므로, 웹사이트 트래픽, 소셜 미디어 반응, 매출 데이터 등을 종합적으로 분석해 알기 쉽게 시각화하거나 요약된 인사이트를 제공할 수 있다.

예를 들어 웹사이트 방문 데이터 분석을 생각해 볼 수 있다. 예전에는 구글 애널리틱스(Google Analytics) 같은 도구에서 숫자와 그래프를 일일이 해석해야 했다면, 이제는 AI 비서가 요점을 콕 짚어 설명해 주는 식으로 발전하고 있다. 실제로 2024년 도입된 구글 애널리틱스 4

의 AI 인사이트 기능은, 웹사이트의 특정 목표 달성이 급증하거나 이탈률이 변화하는 등의 현상이 나타나면 그 원인을 자동으로 찾아내 알려준다. 마치 동료가 옆에서 데이터 요약을 해주는 것처럼 자연어로 설명해 주기 때문에 전문 지식이 없는 사람도 이해하기 쉽다. 가령 "이번 주 구매 전환율이 급상승한 것은 직접 검색 유입 증가에 따른 것으로 보입니다"라는 식의 해석을 AI가 제시해 주는 것이다. 이를 통해 혼자서도 숫자 뒤에 숨은 의미를 파악해, 어떤 마케팅 채널이 효과적이었는지 빠르게 판단할 수 있다.

소셜 미디어 상의 고객 반응 분석에도 AI는 활용된다. 페이스북 댓글, 트위터 언급, 인스타그램 메시지 등 온라인에서 고객들이 남긴 방대한 텍스트 피드백을 한 사람이 모두 읽고 분류하기에는 많은 시간과 에너지가 소모된다. 이때 AI의 자연어 처리 기술을 사용하면 수많은 의견을 자동으로 분류하고 요약할 수 있다. 예를 들어 AI는 댓글들을 긍정적, 부정적, 중립적 등의 감성 분석으로 나누고 주요 키워드를 뽑아낼 수 있다. 만약 신제품을 출시한 후 SNS상에서 "가격이 생각보다 합리적이다"라는 언급이 많다면, AI가 이를 감지해 가격 경쟁력이 긍정적으로 받아들여지고 있음을 알려 주는 식이다. 반대로 특정 기능에 불만이 반복해서 나타나면 해당 키워드를 묶어 보여 주기 때문에, 창업자는 이를 토대로 제품이나 서비스의 개선 우선순위를 정할 수 있다. 예컨대 한 카페 창업자는 AI를 활용해 수백 건의 온라인 리뷰를 분석한 결과, 맛 다음으로 '직원 친절도'가 평점에 가장 큰 영향을 준다는 사실을 알아냈다. 이후 직원 교육을 강화해 서비스 품질을 높인 결과 리뷰 평점이 향상하고 매출 증대로 이어진 사례도 있다. 이처럼 AI는 사람이 놓치기 쉬운 고객의 숨은 니즈를 데이터 속에서 찾아낸다.

결론적으로, AI를 활용한 마케팅 성과 분석은 1인 창업자가 데이터에 기반한 의사결정을 내리는 것을 과거보다 훨씬 수월하게 만들어 준다. 웹사이트 방문자 수나 매출 증감 같은 거친 데이터가 아니라, "어느 채널에서 어떤 고객들이 구매로 이어졌다"거나 "어떤 요인의 변화로 반응이 달라졌다"는 식의 의미 있는 스토리를 AI가 들려주기 때문이다. 이를 통해 창업자는 자신의 마케팅 전략을 끊임없이 개선해 나갈 수 있다. 물론 AI 분석 결과도 맹목적으로 따르기보다는, 사업 분야에 대한 창업자의 경험과 직관을 더해 해석하는 것이 중요하다. 하지만 분명한 것은, 한정된 인원과 자원으로도 AI를 적극 활용하면 데이터에 기반한 정교한 마케팅이 가능해지고, 시행착오를 줄여 비즈니스 성장 속도를 높일 수 있다는 점이다. 최신 AI 마케팅 도구들은 복잡한 분석 결과를 쉬운 대시보드와 자연어 보고서 형태로 제공하고, 중요한 변화는 알림으로 알려 주는 등 사용자 친화적인 설계를 갖추고 있다. 따라서 전문 지식이 없는 초보 창업자라도 조금만 익히면 AI의 힘을 빌려 자신만의 마케팅 비서를 활용할 수 있게 된다. 이러한 시대적 변화 속에서 AI는 1인 기업의 마케팅 활동 전반에 걸쳐 든든한 조력자로 자리매김하고 있다.

요컨대 AI의 등장은 1인 창업자에게 더 이상 '혼자'가 아니라 똑똑한 동업자와 함께하는 과정이 되고 있다. 물론 AI가 만능 해결사는 아니지만, 이를 도구 삼아 창업자의 창의성과 결합한다면 작은 아이디어도 큰 성과로 이어질 수 있다. 중요한 것은 새로운 기술을 두려워하지 않고 배우며 적극 활용하는 자세다. 지금 이 순간에도 AI 기술은 빠르게 발전하고 있으며, 이를 한발 앞서 경험하고 활용한 사람일수록 치열한 시장에서 경쟁 우위를 가져갈 가능성이 높을 것이다.

참고문헌

아셀(2025.2.10). "AI 카피라이팅 툴로 유튜브 스크립트

자동생성하는 법”. 필모라.
https://filmora.wondershare.kr/ai/filmora-copywriting.html
최은정(2024). 《마케팅관리: AI·디지털시대의 마케팅》 (제3판). 박영사.
Bauman, Z.(2004). Work, consumerism and the new poor. Open University Press. 이수영 옮김(2012). 《새로운 빈곤 노동 소비주의 그리고 뉴푸어》. 천지인.
Facebook(2014). “Facebook 2014 Proxy Statement”. https://www.sec.gov/Archives/edgar/data/1326801/000132680114000016/facebook2014proxystatement.htm
Fomenko, M.(2025.5.23). 50+ Eye-Opening ChatGPT statistics: Tracing the roots of generative AI to its global dominance. Master of Code.
https://masterofcode.com/blog/chatgpt-statistics
Ganem, S.(2024.6.26). Four ways Google analytics delivers actionable insights for your business. Google analytics. https://blog.google/products/marketingplatform/analytics/four-ways-google-analytics-delivers-actionable-insights-for-your-business/
Pontin, J.(2012.6.4). Technology review goes digital first. MIT technology review.
https://www.technologyreview.com/s/428072/technology-review-goes-digital-first/
Pulizzi, J.(2013). *Epic content marketing*. McGraw Hill. 김민영 옮김(2017). 《에픽 콘텐츠 마케팅》. 이콘.
Schindler, M.(2024.2.21). AI A/B testing: The best marketing strategy just got an upgrade. Voluum.
https://voluum.com/blog/ai-ab-testing/

06

AI로 1인 비즈니스 운영 자동화하기

AI 기반 자동화 툴은 1인 창업자의 일정, 작업, 협업, 반복 업무를 효율적으로 관리해 주는 강력한 도구로 부상하고 있다. AI 기반의 다양한 자동화 도구들은 개인 비서처럼 작동해 1인 창업자의 생산성을 높이고, 협업과 고객 대응을 간소화해 준다. 그러나 모든 것을 기계에 맡기기보다, 인간 고유의 통찰과 감성, 직관이 필요한 지점은 직접 개입해야 한다. 자동화와 인간의 균형은 AI 시대의 핵심 경영 전략 중 하나다.

AI와 야구?

일정 및 작업 관리 자동화 툴

혼자 사업을 운영하는 창업자는 크고 작은 일정 관리와 작업 관리를 모두 직접 챙겨야 한다. 예전에는 수첩이나 스프레드시트에 의존해 할 일을 정리하고 일정을 잡았다면, 이제는 AI가 이러한 관리 업무를 똑똑하게 도와주는 시대다. 예를 들어 올인원 업무 공간 도구인 노션은 노트와 할 일 목록, 데이터베이스를 한곳에 모아주어 1인 기업의 '두뇌' 역할을 해 왔는데, 최근 여기에 생성형 AI 기능이 통합되었다. 노션의 AI 비서는 사용자의 작업 공간을 스캔해 필요한 정보를 찾아 주거나, 회의록을 요약하고, 할 일 목록 작성을 도와주는 등 비서 같은 역할을 한다. 별도의 앱을 전전하지 않고도 노션 안에서 "이번 주 내 할 일을 요약해 줘" 같은 요청을 하면, 노션 AI가 작업 내용을 분석해 답을 주는 식이다. 덕분에 혼자서도 마치 개인 비서를 둔 것처럼 일정과 할 일을 체계적으로 관리할 수 있다.

일정을 최적화해 주는 전담 AI 도우미도 등장했다. 대표적인 예로 꼽히는 모션(Motion) 등의 서비스를 활용하면, 해야 할 작업들을 마감 시한과 중요도에 따라 자동으로 시간표에 배치할 수 있다. 사용자가 할 일의 기한, 우선순위, 예상 소요 시간 등을 입력해 두면, 모션의 AI

가 하루 일정을 분석해 빈 시간에 작업들을 적절히 배치해 주는 식이다. 만약 일정에 변동이 생기거나 예상보다 오래 걸리는 일이 있으면 AI가 알아서 스케줄을 조정해 주기도 한다. 실제 사용자 후기를 보면 "모션은 할 일의 마감일, 중요도, 소요 시간을 입력받아 사용자의 일정표상 빈 시간에 작업을 자동으로 채워 넣어 준다"는 설명이 있다. 말 그대로 머신 러닝 비서가 알아서 나의 완벽한 하루 일정을 만들어 주는 개념이다. 이를 통해 1인 창업자는 무엇을 언제 할지 고민하는 데 쓰는 시간을 아끼고, 보다 생산적으로 업무에 집중할 수 있다.

이처럼 일정 관리와 작업 관리 영역에서의 AI 자동화 툴은 혼자 일하는 사람의 시간을 최대한 효율적으로 써주도록 돕고 있다. 작은 규모의 스타트업이라도 AI를 활용하면 대기업 임원의 비서나 팀 단위 관리자가 해주던 일정 조율을 혼자서도 해낼 수 있게 되었다. 중요한 것은 기술 자체보다도 업무 방식의 변화인데, 이제는 "오늘 무엇을 할지"에 대한 계획 수립까지도 AI에게 일정 부분 맡기고, 창업자는 실행과 창의적인 구상에 더 많은 에너지를 쏟는 패러다임 전환이 이뤄지고 있다.

프로젝트 협업과 커뮤니케이션 툴

혼자 사업을 한다고 해도 프로젝트 협업과 커뮤니케이션은 여전히 중요하다. 외부 클라이언트나 프리랜서 협업자와의 소통, 혹은 고객과의 연락 등에서 효율적인 커뮤니케이션 능력이 사업 성패를 가르기도 한다. 최근까지 업무상 커뮤니케이션 도구의 변화는 눈부셨다. 이메일 위주의 소통에서 슬랙(Slack) 같은 실시간 협업 플랫폼으로의 전환이 대표적이다. 슬랙은 채팅 기반으로 팀원들이 즉각적으로 의견을 주고받고 파일을 공유할 수 있게 해주어 업무 흐름을 크게 가속화했다. 1인 기업이라고 해도, 혼자만의 작업 공간에서 슬랙을 활용해 여러 외부 서비스 알림을 모아 보거나, 프로젝트별로 채널을 만들어 파트너와 대화하는 등 유연한 소통을 할 수 있다. 이는 과거였다면 전화나 이메일을 주고받느라 소모됐을 시간들을 절약해 주고, 마치 작은 팀처럼 기민하게 움직일 수 있도록 한다.

이제 슬랙에도 AI 기능이 더해지면서 커뮤니케이션 효율이 한층 높아지고 있다. 방대한 대화 기록 속에서 필요한 정보를 찾지 못해 헤매는 일은 작은 조직에서도 빈번하다. 실제 한 조사에 따르면 디지털 노동자의 47%가 필요한 정보를 찾는 데 어려움을 겪고, 이로 인해 32%는 잘못된 의사결정을 내린 적이 있다고 한다. 슬랙은 이러한 문제를 해결하기 위해 슬랙 AI 기능을 도입했다. 대화 내용을 자동으로 요약해 주거나 질문에 대한 답을 관련 채팅 기록에서 추출해 제공한다. 예컨대 자주 확인하지 못한 채널이 있다면 슬랙 AI의 '채널 하이라이트' 기능을 통해 그 채널의 주요 논의를 요약해서 한눈에 볼 수 있고, 길게 이어진 스레드 대화도 버튼 한 번으로 핵심만 추려볼 수 있다. 또한 슬랙 창에서 바로 "어제 팀 회의에서 결정된 사항이 뭐였지?"처럼 물어보면, 관련 대화 내역을 검색해 요약된 답을 제시해 주기도 한다.

이제 1인 창업자는 혼자서 모든 것을 기억하고 기록할 부담을 덜고, 필요한 때에 필요한 정보를 AI의 도움으로 바로 얻어 의사결정에 활용할 수 있다. 또한 이러한 도구들은 멀리 떨어진 사람들과도 실시간으로 아이디어를 주고받는 리모트 협업의 기반이 되어주어, 1인 기업이라도 효율적으로 프로젝트를 진행할 수 있게 해준다. 결국 커뮤니케이션 툴의 자동화는 일하는 방식을 더욱 민첩하고 개방적으로 바꾸는 방향으로 작용하고 있다.

업무 프로세스 자동화

사업 운영에는 일정 관리나 소통 외에도 반복적이고 연

결된 업무 프로세스들이 많다. 가령 새 고객 주문이 들어오면 주문 정보를 정리하고, 배송을 위한 자료를 만들고, 고객에게 확인 메일을 보내는 등 일련의 작업 흐름이 발생한다. 과거라면 이런 일들을 모두 사람이 하나씩 처리하거나, 각기 다른 전산 시스템을 쓰는 경우 수작업으로 데이터를 옮기는 일까지 해야 했다. 하지만 이제는 메이크(Make)나 재피어 같은 업무 프로세스 자동화 도구를 활용해 이러한 일들을 손쉽게 자동화할 수 있다. 전문 프로그래밍 지식이 없어도 몇 가지 설정만 하면 서로 다른 앱들을 연동하고 조건에 따라 작업을 실행해 주는 일종의 '디지털 로봇'을 만들 수 있는 것이다.

예를 들어 재피어는 별도의 코딩이 없이도 지메일(Gmail), 슬랙 등 7000개가 넘는 다양한 앱을 연결해 업무 흐름을 자동화할 수 있는 서비스다. 한 번 설정해 두면 "만약 A 앱에서 어떤 이벤트가 일어나면, B 서비스에 정보를 보내고 알림을 전송한다" 같은 연계를 사람 손 없이도 수행한다. 심지어 챗지피티 같은 AI 언어 모델을 이러한 자동화 흐름에 연결해 응용할 수도 있다. 예컨대 새로운 고객 문의가 오면 AI 챗봇이 기본 답변을 하고, 그 내용을 슬랙으로 요약해 보내주는 식의 간이 상담 봇도 구축할 수 있다. 1인 기업 입장에서 이러한 도구는 마치 보이지 않는 직원을 하나 추가로 두는 효과가 있다. 반복적이고 시간 잡아먹는 일은 자동화 봇에게 맡기고, 창업자는 더 창의적이고 부가가치가 높은 일에 집중할 수 있다.

이처럼 클라우드 기반 자동화 플랫폼은 2010년대 중반 이후 빠르게 발전해, 이제는 개인 사업자도 부담 없이 쓸 수 있을 정도로 대중화되었다. 흥미로운 점은 자동화 도구들이 단순히 편의 기능을 넘어 사업의 핵심 인프라로 자리매김하고 있다는 것이다. 실제 사례들을 보면 메이크나 재피어로 240개 이상의 자동화 업무를 구축해 혼자서 회사를 운영하는 경우도 소개되고 있다. 가령 신규 가입 고객 정보를 자동으로 스프레드시트에 정리하고, 일정 시간이 지나면 팔로업 이메일을 보내고, 매출 동세를 주기적으로 슬랙으로 공유하는 등 사람이라면 실수하거나 까먹을 법한 일들도 시스템이 알아서 척척 해내는 식이다.

이런 변화의 밑바탕에는 '노코드(No-Code) 혁명'이라 불리는 흐름이 있다. 복잡한 코딩 없이도 누구나 아이디어만 있으면 앱을 만들고 서비스들을 연결할 수 있게 되면서, 작은 조직도 거대한 기업의 전산 시스템 못지않은 자동화 파워를 얻게 된 것이다. 그 결과 1인 창업자의 업무 처리 능력은 예전보다 획기적으로 확장되었다. 중요한 것은 도구의 존재를 아는 것에서 한발 더 나아가, 자신의 비즈니스에 맞는 자동화 시나리오를 설계하는 역량이라 할 수 있다.

운영 자동화의 밸런스

업무의 많은 부분을 자동화할 수 있게 되었지만, 모든 것을 100% 기계에 맡기는 것이 능사는 아니다. 아무리 똑똑한 AI라도 인간만이 할 수 있는 고유한 역할이 있기 때문이다. 1인 기업을 운영할 때 자동화의 한계를 이해하고, 인간의 개입이 필요한 순간을 잘 식별하는 것이 장기적으로 성공을 좌우한다. 예를 들어 고객 대응을 챗봇으로 자동화하는 경우를 생각해 볼 수 있다. 흔히 착각하기 쉬운 것이 "챗봇은 인간 상담원을 완전히 대체할 수 있다"는 기대인데, 실상은 다르다. 현재 시점에서 챗봇은 전체 고객 문의 중 자주 되풀이되는 80% 정도를 해결해 주는 용도로 가장 유용하고, 나머지 20%의 복잡하고 미묘한 사안들은 결국 인간이 맡아야 한다는 것이 업계의 공통된 견해다. 계정 비밀번호 초기화나 운영 시간 문의처럼 단순하고 패턴화된 질문은 AI가 훌륭히 처리할 수 있지만, 화가 난 고객을 달래거나 예외적인 문제를 창의적으로 해결하는 일은 결국 사람의 몫이다. 실제로 "고객의 84%가 빠르고 간단한 해결을 원한다"는 조사 결과도 있지만, 늘 사람이 신경 써야 하는 이슈들이 남기 마련이다.

또한 AI의 판단력이 인간만큼 종합적이지 않다는 점도 중요하다. AI는 방대한 데이터를 학습해 놀라운 답변을 내놓지만, 그 지식은 어디까지나 과거 데이터의 범주 안에 있다. 새로운 상황에 직면했을 때 맥락을 해석하고 적절히 대응하는 유연성은 부족할 수밖에 없다. 반면 인간은 적은 정보로도 직관을 발휘해 의사결정을 내리거나, 감정적인 통찰을 통해 상대방에게 맞춤형 대응을 할 수 있다. 예를 들어 자동화된 일정 관리 프로그램이 "오전 10시에 A 업무, 11시에 B 미팅" 식으로 쉴 틈 없는 일정을 잡아 주더라도, 사람인 창업자는 자신의 컨디션이나 창의적 사고에 필요한 여유를 고려해 일부러 틈을 만들 필요가 있다. 기계는 효율 극대화 측면에서 최적의 스케줄을 제안하지만, 인간은 비효율처럼 보여도 휴식과 사색이 필요하기 때문이다. 마찬가지로 데이터 지표만 보고 의사결정을 자동화할 수도 있지만, 때로는 경험과 직감에 따른 결단이 더 옳을 때도 있다.

결국 자동화와 인간의 균형 잡기가 중요하다. AI와 자동화 시스템을 적극 활용하되, 그 한계를 인지하면서 중요한 순간에는 직접 개입하는 전략이 바람직하다. 이를 두고 업계에서는 '휴먼 인 더 루프(Human-in-the-loop)'라는 표현도 쓴다. 자동화의 루프 속에 인간이 들어가 최종 점검을 하거나 예외 상황에 대응한다는 개념인데, 이러한 인간과 AI의 협업 모델이야말로 현재로서는 최상의 결과를 내는 것으로 여겨진다. 예컨대 자동화된 보고서 초안은 AI가 작성하게 하더라도 최종적인 통찰과 창의적 방향 설정은 사람이 하는 식이다. 1인 창업자가 AI 시대에 경쟁력을 가지려면, 무엇을 자동화하고 무엇을 직접 할지에 대한 본인만의 원칙이 필요하다. 자동화의 이점을 극대화하면서도 사업의 핵심 가치나 고객과의 신뢰 형성에는 인간적인 접근을 잃지 않는 것, 이것이 AI 시대의 새로운 경영 철학이라 할 수 있다.

요약하자면, AI 기반의 운영 자동화 툴들은 일정 관리, 협업, 프로세스 처리 등 사업 운영 전반에 걸쳐 1인 창업자의 역량을 비약적으로 증폭시켜 주고 있다. 덕분에 예전에는 혼자 감당하기 어려웠던 일들도 충분히 소화해 낼 수 있는 시대가 되었다. 그러나 동시에 자동화의 편리함에만 의존하지 않고, 사람만이 할 수 있는 부분을 놓치지 않는 균형 감각이 요구된다. 기술의 발전이 '혼자 일하지만 여럿이 일하는 듯한' 환경을 만들어 주고는 있지만, 그 기술을 어떻게 활용하고 통제할지는 결국 사람의 몫이다. AI와 함께하는 1인 창업의 여정은 이제 시작에 불과하다. 시대의 변화에 올라타되 자신만의 철학을 가지고 운영의 균형을 잡는 지혜가 1인 창업자들에게 요구되고 있다. AI와 인간이 조화를 이루는 운영 자동화, 이것이 앞으로의 새로운 업무 패러다임으로 자리 잡아 갈 것이다.

참고문헌

솔비나(2025.2.19). "1인 창업가를 위한 최고의 AI 도구 27가지". 브런치. https://brunch.co.kr/@@hjoR/22

이상덕(2023.9.12). "올트먼 "생성AI로 1인 창업자도 1조 기업 쉽게 만들수 있다"". 《매일경제》. https://www.mk.co.kr/news/it/10827519

Kim, L.(2024). Launch & grow your solo business with no-code A.I. & d.i.y. automation. UC Berkeley startup studio. https://startupstudio.berkeley.edu/launch-grow-your-solo-business-with-no-code-a-i-d-i-y-automation/

McDermott, A.(2023). "2023 CX 트렌드: 서비스 분야에 새로운 시대를 여는 몰입형 CX". Zendesk 블로그. https://www.zendesk.com/blog/cx-trends-2023-immersive-cx/

Rebelo, M.(2024.7.23). The 8 best AI scheduling assistants. Zapier. https://zapier.com/blog/best-ai-scheduling/

Slack(2024.2.14). “Slack AI가 출시되었습니다”.
https://slack.com/intl/ko-kr/blog/news/slack-ai-has-arrived

07
AI 기반 고객 관리 및 피드백 시스템

AI 챗봇과 CRM 자동화 덕분에 1인 창업자도 24시간 고객 응대, 피드백 분석, 맞춤 마케팅이 가능해졌다. 반복 문의는 챗봇이 처리하고, AI로 고객 리뷰를 분석해 핵심 불만과 사용자 요구 사항을 파악할 수 있게 되었다. 고객별 맞춤 메시지로 지속적인 관계를 유지하며 고객 재방문도 유도할 수 있어 업무 효율과 만족도가 함께 높아질 수 있다. 1인 창업자도 AI 기반 고객 관리 시스템으로 보다 멋진 사업을 만들 수 있다.

AI와 윤동주?

AI 챗봇 구축과 적용 사례

AI 기술의 발전으로 고객 응대 방식이 빠르게 변화하고 있다. 과거에는 작은 쇼핑몰을 운영하는 1인 기업가가 고객 문의에 직접 대응하느라 휴대폰을 손에서 놓지 못하거나, 야간에는 답변을 제공하지 못해 고객을 놓치는 일이 빈번했다. 그러나 인공지능 챗봇의 등장으로 이러한 어려움이 크게 해소되었다. 실제로 전 세계 많은 기업이 이미 챗봇을 고객 서비스에 활용하고 있으며, 글로벌 조사 기관인 가트너에 따르면 2025년까지 기업의 80%가 고객 서비스에 AI 챗봇을 도입했거나 도입할 계획이라고 한다. 이는 챗봇이 단순한 기술적 유행을 넘어 고객 응대의 새로운 표준으로 자리 잡고 있음을 보여 준다.

AI 챗봇은 사람이 일일이 대응하기 어려운 24시간 상시 응대를 가능하게 한다. 고객이 밤늦게나 주말에 문의하더라도 챗봇은 즉시 답변을 제공할 수 있어, 고객이 답장을 오래 기다릴 필요가 없다. 또한 여러 고객의 질문을 동시에 처리할 수 있어, 한 번에 한 사람만 응대할 수 있는 인간 직원과 달리 대기 시간 없이 다수의 문의를 해결할 수 있다. 그 결과 1인 사업자도 마치 여러 명의 직원을 둔 것처럼 효율적으로 고객을 응대할 수 있게 되었다. 예를 들어, 온라인에서 수제 빵을 판매하는 한 1인 창업자는 재료 원산지나 배송 조회 같은 반복적인 문의를 챗봇에게 맡김으로써, 본인은 제품 개발과 품질 향상에 더욱 집중할 수 있게 되었다. 챗봇이 기본적인 질문들을 해결해 주니 고객 만족도가 높아지고, 사업자는 핵심 업무에 더 많은 시간과 에너지를 투자할 수 있게 되었다.

초창기 챗봇은 정해진 규칙에 따라 정형화된 답변만 제공하는 경우가 많았다. 사용자가 예상 밖의 질문을 하면 챗봇이 제대로 답하지 못하거나, 결국 사람 상담원을 호출하는 일이 잦았다. 그러나 2020년대에 접어들며 상황은 완전히 달라졌다. 오픈AI의 GPT 같은 대규모 언어 모델이 등장하고, 이를 활용한 챗봇들이 사람처럼 자연스럽게 대화할 수 있게 되었다. 그 결과 챗봇은 훨씬 유연하고 지능적으로 발전했다. 이제 간단한 설정만으로도 특정 분야에 특화된 AI 챗봇을 쉽게 만들 수 있는 시대가 되었다. 오픈AI는 2023년 말 개발자 행사에서 'GPT 빌더' 기능을 공개했는데, 이는 코딩을 전혀 몰라도 채팅창에 몇 가지 지시어만 입력하면 특정 용도의 챗봇을 직접 생성할 수 있도록 돕는 도구다. 불과 몇 년 전만 해도 전문가의 도움을 받아 수백만 원을 들여야 구축할 수 있던 고객 응대 자동화 시스템을, 이제는 1인 기업가도 저렴한 비용이나 무료 도구로 쉽게 구현할 수 있게 되었다.

국내에서도 이러한 변화의 흐름을 쉽게 찾아볼 수 있다. 예를 들어 카카오는 '오픈빌더' 플랫폼을 통해 사업자들이 자체 챗봇을 만들 수 있도록 지원하고 있다. 별도의 프로그래밍 없이도 시나리오만 설정하면 카카오톡 채널에서 고객 문의를 자동으로 받아주는 챗봇을 운용할 수 있어, 작은 가게들도 카카오톡 상담 챗봇을 활용하기 시작했다. 은행이나 쇼핑몰 등에서는 이미 AI 챗봇을 활용해 계좌 조회나 배송 확인, 환불 처리 같은 업무를 자동화함으로써 운영비용을 크게 절감하고 있다. 이러한 사례들은 AI 챗봇이 특정 업종이나 대기업만의 전유물이 아니라, 소상공인과 1인 창업자에게도 실용적인 도구가 되었음을 보여 준다. 이제 혼자 창업을 하더라도 챗봇 하나쯤은 고객 응대 직원처럼 곁에 두고 시작하는 것이 낯설지 않은 시대가 되었다. 실제로 "챗봇 덕분에 혼자서도 고객 지원이 두렵지 않다"는 초보 창업자들의 이야기가 곳곳에서 들려오고 있다. AI 챗봇 구축의 문턱이 낮아진 덕분에, 1인 기업도 규모의 한계를 넘어선 고객 서비스를 제공하며 신뢰를 쌓을 수 있게 되었다

리뷰·피드백 자동 수집 및 분석

사업을 운영하다 보면 고객들의 평가와 피드백은 무엇

보다 소중한 자산이 된다. 예전에는 가게 방명록이나 고객 설문지, 혹은 인터넷 게시판을 통해 하나하나 수작업으로 의견을 수집하곤 했다. 그러나 이 방식은 시간이 많이 들고, 놓치는 목소리도 생기기 마련이었다. 이제 AI의 도움으로 온라인에 흩어진 수많은 고객 의견을 자동으로 수집하고 분석하는 일이 가능해졌다. 이를 통해 1인 창업자라도 마치 전문 분석 팀을 둔 것처럼 고객의 목소리를 체계적으로 활용할 수 있다.

AI를 활용하면 고객이 남긴 리뷰나 댓글, 문의 기록 등을 실시간으로 모니터링할 수 있다. 예를 들어, 상품 리뷰 수백 개를 사람이 모두 읽으려면 몇 시간이 걸리지만, AI 시스템은 이를 순식간에 분석해 긍정적인 의견과 부정적인 피드백을 자동으로 분류해낸다. 이를 통해 문제가 발생했을 때 즉시 감지하고 신속하게 대응할 수 있다. 실제로 AI를 도입한 기업들은 고객 불만이 올라오자마자 이를 파악하고 빠르게 조치해 악평이 확산되는 것을 방지하고, 고객 만족도를 유지하는 데 성공하고 있다. 1인 기업이라도 이러한 시스템을 활용하면, 혼자서는 도저히 다 읽을 수 없었던 방대한 피드백 속에서 핵심만 골라낼 수 있고, 골든타임을 놓치지 않고 고객의 불만을 해결할 수 있다.

또한 AI는 단순히 의견을 모으는 것을 넘어, 피드백 속에 숨어 있는 의미와 감정까지 해석해 준다. 예를 들어, 수십 건의 리뷰를 분석해 보니 고객들이 반복적으로 언급하는 불만 사항이 있다면 AI는 이를 하나의 주제로 묶어서 알려준다. 동시에 각 리뷰의 감성 점수를 매겨 전반적인 분위기가 긍정적인지, 부정적인지도 판단할 수 있다. 이러한 자동 분석을 통해 사업자는 "우리 서비스의 어떤 부분이 사랑받고 있고, 어디에서 개선이 필요한지"를 한눈에 파악할 수 있다. 나아가 AI는 축적된 피드백 데이터를 바탕으로 향후 고객 행동이나 트렌드를 예측하기도 한다. 예를 들어, 최근 고객들의 의견에 새로운 키워드가 부쩍 늘었다면, 향후 어떤 요구가 증가할지 미리 짐작하고 대비할 수 있다. 이처럼 방대한 고객의 목소리 속에서 인사이트를 발굴해내는 능력은 AI만의 강점이며, 이제 소규모 창업자들도 이를 쉽게 활용할 수 있게 되었다.

해외 사례를 보면, 세계적인 전자 상거래 기업 아마존은 자체 AI 시스템으로 고객 리뷰를 분석해 상품 추천에 반영하는 것으로 유명하다. 고객들이 상품에 남긴 찬반 의견을 빅데이터로 쌓아 두었다가, 이를 토대로 다른 고객에게 딱 맞는 상품을 골라 추천해 주는 방식이다. 이러한 AI 기반 피드백 분석 덕분에 아마존은 개인화된 쇼핑 경험을 제공하며 충성 고객을 확보했다. 물론 거대 기업의 이야기지만, 원리는 작은 비즈니스에도 동일하게 적용된다. 한 예로, 국내의 한 신생 화장품 브랜드는 출시 초기에 온라인 커뮤니티와 SNS에 올라온 소비자 반응을 AI로 수집·분석했다. 그 결과, 어떤 성분에 대한 선호와 불만이 많은지를 파악했고, 이를 제품 개선과 신제품 개발에 반영해 좋은 평가를 얻었다. 이처럼 AI를 활용하면 1인 기업도 초기 고객들의 반응을 빠르게 학습하며 제품과 서비스를 발 빠르게 개선해 나갈 수 있다.

또한 AI는 온라인상의 소셜 여론까지 포착하는 데 도움을 준다. 예를 들어, 직접 우리 회사 계정에 남긴 리뷰뿐만 아니라 트위터나 온라인 커뮤니티 등에 언급된 브랜드 평가까지 AI로 크롤링해 살펴볼 수 있다. 이렇게 소셜 미디어상의 평판과 트렌드를 파악하면 제품 개발이나 마케팅 전략에 참고할 귀중한 인사이트가 된다. 이와 함께 경쟁 업체들에 대한 소비자들의 평가를 분석하면 우리 서비스의 상대적 강점과 약점을 객관적으로 파악할 수도 있다. 과거에는 큰 시장 조사 비용을 들여야 가능했던 일들이 이제 AI 덕분에 소규모 사업자에게도 손 닿는 거리에 다가온 셈이다.

무엇보다 중요한 것은 이러한 피드백 분석의 결과를 실행으로 옮기는 태도다. AI가 알려준 통찰을 바탕으로 제품의 결함을 개선하거나 서비스 프로세스를 손보는 작업이 뒤따라야 한다. 예를 들어, 한 소프트웨어 스타트업은 AI 분석을 통해 사용자들이 가장 불편해하는 기능이 무엇인지 알게 되었고, 곧바로 해당 기능을 개선한 업데이트를 내놓았다. 그러자 사용자들의 후기 평점이 눈에 띄게 상승하고, 신규 고객 유입에도 긍정적인 효과가 나타났다. 이처럼 고객의 목소리를 듣고 빠르게 반영하는 민첩성이 1인 창업자의 경쟁력이 될 수 있는데, AI는 그 민첩성을 뒷받침해 주는 든든한 도구라 할 수 있다. 이제 개인 사업자도 데이터에 근거해 고객 중심으로 움직이는 '작은 거인'이 될 수 있는 시대다.

맞춤형 고객 응대를 위한 CRM 자동화

사업이 성장할수록 늘어나는 고객 정보와 각양각색의 고객 요구를 체계적으로 관리하는 일, 즉 CRM(Customer Relationship Management, 고객 관계 관리)의 중요성도 커진다. 예전에는 엑셀 파일에 고객 연락처와 구매 내역을 정리해 두고 하나하나 연락을 돌리는 식으로 고객 관리를 했다면, 이제는 AI 덕분에 이 과정마저도 영리하게 자동화할 수 있게 되었다. CRM 자동화란 한마디로 고객에게 맞춤형으로 다가가는 작업(마케팅, 문의 응대, 사후 케어 등)을 AI의 힘으로 효율화하는 것이다. 이를 적극 활용하면 1인 창업자라도 마치 개인 비서와 마케팅팀을 둔 것처럼 개별 고객에게 세심한 관심을 기울이는 대응을 할 수 있다.

예를 들어 이메일이나 문자 메시지를 통한 고객 맞춤형 응대를 생각해 보면, 한 사람이 수십, 수백 명의 고객에게 일일이 다른 내용의 메일을 보내기는 현실적으로 불가능하지만, AI가 도와주면 각 고객의 특성에 맞춘 메시지를 대량으로 보내는 것도 어렵지 않다. 제품을 장바구니에 담았지만 끝내 구매하지 않은 고객에게는 몇 시간 내에 "혹시 결제에 어려움이 있으신가요?" 같은 리마인드 메시지가 자동 전송되고, 오랜 기간 방문이 없는 고객에게는 "그동안 잘 지내셨나요? 다시 찾아 주시면 특별 할인 쿠폰을 드리겠습니다" 같은 재참여 유도 메시지가 발송된다. 과거에는 사람이 하나하나 보냈어야 할 커뮤니케이션이지만, 이제는 미리 정해 둔 조건에 따라 AI가 고객별로 챙겨 준다. 그 결과 작은 온라인 쇼핑몰도 끊어진 고객 인연을 다시 이어붙이고 이탈을 막을 수 있게 되었다.

개인화 마케팅 역시 AI 기반 CRM 자동화의 핵심이다. 대형 이커머스 기업들은 오래전부터 "이 제품을 본 고객이 함께 본 상품"이나 "취향 저격 추천 상품"을 제시하며 매출을 끌어올려 왔다. 아마존은 고객이 최근 본 상품을 분석해 맞춤형 상품을 추천하고, 넷플릭스는 시청 기록을 바탕으로 개인 맞춤 콘텐츠를 보여 주는 등 개인화 추천 기술로 좋은 성과를 내고 있다. 이제 이러한 기술이 소규모 비즈니스에도 적용될 수 있게 되었다. 예컨대 1인으로 운영되는 독립 출판 서점이라도 AI를 활용하면 회원별로 관심 가질 만한 신간 소식을 선별해 각기 다른 뉴스레터를 발송할 수 있다. 혹은 작은 카페라도 단골손님의 선호도를 학습한 AI가 "이 손님에게는 요즘 유행하는 새로운 디저트를 추천해 보자"는 식으로 개별화된 프로모션 아이디어를 제안할 수 있다. 이러한 맞춤형 접근은 고객 입장에서 자신이 특별한 대접을 받고 있다고 느끼게 하므로, 충성도와 재구매율 향상으로 이어진다. 실제로 글로벌 컨설팅 업체 매킨지에 따르면 개인화된 고객 상호작용을 도입한 기업은 5~15%의 매출 증가와 고객 유지율 상승효과를 보고하고 있다. 1인 창업자가 대기업처럼 방대한 데이터를 갖고 있지 않더라도, 자신의 규모에 맞는 범위 내에서 최대한 개인화된 서비스를 제공하려는 노력은 충분한 보상을 가져다줄 것이다.

CRM 자동화는 1인 기업가의 업무 부담을 줄이고, 고객 관리를 효율적으로 돕는 강력한 도구다. 예를 들어 고객의 기념일에 자동으로 축하 메시지와 쿠폰을 보내는 기능은 비교적 간단하지만, 이러한 세심한 관리가 쌓이면 고객에게 감동을 주고 단골 확보로 이어진다. 또한 상품 문의만 하고 구매로 이어지지 않은 고객을 AI가 추적해 몇 주 뒤 관련 상품 할인 소식을 다시 알려 주는 기능도 있다. 이는 망설이던 고객의 구매를 유도하는 효과로 이어진다. 최근 CRM 시스템에는 생성형 AI가 적용되어 문의 답변 초안을 자동으로 작성해 주는 기능도 제공된다. 과거에는 고객의 긴 이메일에 대해 직접 모든 답변을 작성해야 했지만, 이제는 AI가 상황에 맞는 응답을 제안하고, 기업가는 최종 확인 후 발송하는 방식으로 시간을 절약할 수 있다. 이러한 AI 기반 CRM 자동화는 마치 개인 비서를 둔 것처럼 고객 맞춤형 대응을 가능하게 하며, 1인 기업가도 보다 체계적이고 전문적인 고객 관리를 실현할 수 있다.

국내에서도 소상공인을 위한 온라인 플랫폼들이 AI 기반 CRM 기능을 적극 도입하고 있다. 네이버 스마트스토어는 판매자들에게 구매 고객 데이터 분석과 맞춤 쿠

폰 발행 기능을 제공하며, 카카오톡 비즈니스 채널에서는 AI가 고객의 소통 빈도를 분석해 맞춤형 메시지를 제안하는 실험도 이뤄지고 있다. 이러한 기능들은 전문 마케터가 없는 1인 기업에게 실질적인 마케팅 자동화를 실현해 준다. 또한 글로벌 CRM 업체인 세일즈포스(Salesforce)나 허브스팟(HubSpot)도 AI 엔진을 도입해 중소사업자들이 보다 쉽게 AI CRM을 활용할 수 있도록 지원하고 있다. 그 결과 이제 1인 기업도 큰 비용을 들이지 않고 AI 마케팅 기법을 도입할 수 있으며, 보다 정교한 고객 관리를 통해 경쟁력을 높일 수 있는 환경이 조성되고 있다.

마지막으로, AI 시대의 CRM 자동화를 도입할 때 1인 창업자가 유념해야 할 가장 중요한 점은 사람다움을 유지하는 것이다. 자동화된 맞춤 응대가 편리하다고 해서 모든 것을 기계적으로 처리하면 고객과의 소통에서 인간미가 부족하게 느껴질 수 있다. 따라서 AI가 생성한 메시지라도 사업주만의 진심이 담길 수 있도록 한 번 더 점검하고 조정하는 것이 중요하다. 다행히 AI 기술도 점점 사람의 감성을 이해하는 방향으로 발전하고 있어, 무미건조한 로봇식 응대가 아니라 친절하고 공감 어린 어조의 자동 응대가 가능해지고 있다. 결국 중요한 것은 도구

자체가 아니라 그것을 어떻게 활용하느냐에 달려 있으며, AI 기반 고객 관리와 피드백 시스템을 통해 업무 효율과 고객 만족도를 동시에 높일 수 있는 시대가 되었다. 이러한 변화를 기회로 삼아, 1인 창업자들도 작지만 강한 고객 중심 경영을 실현해 가는 시대가 되기를 바란다.

참고문헌

zzinkong97(2024.8.4). "AI와 고객 인사이트: 고객 피드백 분석의 미래". Tistory. https://zzinkong97.tistory.com/39

김영석 외(2017). 《디지털시대의 미디어와 사회》. 나남.

네이버 스마트스토어. https://sell.smartstore.naver.com

이파트(2024). "고객의 소리: AI 기반 고객 피드백 분석을 통해 사용자 만족도를 극대화하고 비즈니스 성장을 이끄는 전략". EPART. https://buly.kr/FsIXfQj

카카오 i 오픈빌더. https://business.kakao.com/info/chatbot/

플레어레인(2024). "Top 5 CRM 툴 기능과 성공 사례". 플레어레인 블로그. https://blog.flarelane.co.kr/top-5-crm-tool-features-and-success-stories-b5/

Amazon. https://www.aboutamazon.com

Boudet, J. et al.(2019.6.18). The future of personalization—and how to get ready for it. McKinsey & Company. https://www.mckinsey.com/business-functions/growth-marketing-and-sales/our-insights/the-future-of-personalization-and-how-to-get-ready-for-it

Cromwell, T.(2024.10.31). AI meets customer experience:

Mapping journeys with machine learning. HubSpot.
https://blog.hubspot.com/service/ai-customer-journey-map
HubSpot. https://www.hubspot.com
NICE(2025). "Discover how generative AI is revolutionizing customer interactions in 2025".
https://www.nice.com/info/generative-ai-for-customer-interaction-in-2025-transforming-cx-with-automation-and-personalization
OpenAI(2023.11.6). "Introducing GPTs".
https://openai.com/blog/introducing-gpts
Salesforce. https://www.salesforce.com

08
AI 기반 재무 및 회계 관리

AI 회계 프로그램은 1인 창업자와 소규모 사업자의 회계 부담을 줄여준다. 캐시노트(Cashnote), 자비스 등은 매출 · 지출 내역을 자동 수집 · 분석하며 세무 신고도 간편화시킨다. 카드 내역 연동, 자동 분류, 대시보드 시각화를 통해 지출 관리가 쉬워지고 불필요한 비용도 줄일 수 있다. 세무 시즌에는 간편 신고 기능으로 신고서를 자동 생성하고 전송까지 지원해 회계 지식이 부족한 창업자도 쉽게 처리할 수 있다. AI 회계는 이제 선택이 아닌 필수 도구가 되고 있다.

AI와 한의학?

AI 회계 프로그램 소개와 비교

한때 1인 창업자나 영세 자영업자가 재무와 회계 관리를 하려면, 두꺼운 장부와 엑셀 파일을 붙들고 씨름하거나 비싼 비용을 들여 세무사에게 의뢰해야 했다. 가게에 쌓인 영수증 꾸러미를 밤새 정리하고, 매출과 지출을 일일이 계산하는 일은 혼자 사업을 꾸리는 이들에게 큰 부담이었다. 그러나 최근 몇 년 사이 이러한 풍경은 빠르게 바뀌고 있다. 인공지능 기반 회계 프로그램들이 등장하면서, 이제 작은 가게 사장도 마치 개인 회계 비서를 둔 것처럼 편하게 재무 관리를 할 수 있는 시대가 열렸다.

현재 한국에는 1인 기업이나 소규모 사업자를 위해 개발된 다양한 AI 회계 서비스가 상용화되어 있다. 대표적인 예로 캐시노트, 자비스앤빌런즈(Jarvis&Villains)의 자비스 서비스, 개인 세금 환급 서비스인 삼쩜삼, 그리고 TX솔루션 등이 자주 거론된다. 각 서비스마다 특징과 강점은 다르지만, 공통적으로 복잡한 회계와 세무 작업을 자동화하고, 사용자가 이해하기 쉽게 결과를 제공하는 것을 목표로 한다.

우선 캐시노트는 국내 소상공인 사이에서 가장 널리 쓰이는 AI 회계 플랫폼 중 하나다. 2017년 한국신용데이터(KCD)가 선보인 이래 빠르게 확산되어, 현재 약 160

만 개에 달하는 소상공인 사업장이 캐시노트를 이용하고 있다. 이는 국내 전체 소규모 사업장의 80%에 이를 정도로, 캐시노트는 이미 '사장님들의 필수 앱'으로 자리 잡았다. 캐시노트의 성공 비결은 무엇보다 사용법이 간단하다는 점에 있다. 별도의 복잡한 프로그램 설치 없이, 사업자는 카카오톡에서 캐시노트와 친구를 맺기만 하면 자신의 매출과 비용을 관리할 수 있다. 예를 들어 가게의 카드 매출 내역이 자동으로 연동되어 매일 얼마의 돈이 들어왔는지, 현금과 카드 매출 흐름은 어떠한지 실시간으로 확인할 수 있다. 과거에는 하루 장사를 마치고 일일이 POS기나 영수증을 확인해야 알 수 있었던 매출을 이제는 모바일 알림으로 간편하게 파악할 수 있다. 또한 캐시노트는 단순히 매출 합계를 보여 주는 데 그치지 않고, 데이터 분석을 통해 가게 운영에 유용한 정보도 함께 제공한다. 손님 중에 재방문한 단골이 몇 명인지, 단골 고객이 올린 매출 비중은 얼마나 되는지, 가장 잘 팔리는 상품이나 메뉴는 무엇이고 그 매출이 전체의 몇 퍼센트를 차지하는지를 한눈에 보여 준다. 주먹구구식 감에 의존했던 가게 운영이 캐시노트 도입 이후에는 근거 있는 숫자 관리로 바뀐 셈이다. 특히 매출이 갑자기 떨어지거나 비용 지출이 평소보다 크게 늘면 즉각 알려 주는 알림

기능도 있어, 초보 사장들이 놓치기 쉬운 부분을 챙겨 주는 든든한 비서 같은 역할을 한다.

자비스앤빌런즈가 제공하는 자비스 역시 1인 기업을 위한 AI 기반 회계 · 세무 지원 서비스로 주목받고 있다. 이름에서도 드러나듯 〈아이언맨〉의 조력자인 '자비스' 처럼, 창업자의 곁에서 회계 업무를 알아서 처리해 주는 것을 목표로 한다. 자비스의 특징은 AI 기술과 함께 실제 회계 전문가의 도움이 결합되어 있다는 점이다. 예를 들어 자비스를 이용하면 사업자의 은행 입출금, 카드 사용 내역 등이 자동으로 수집되고 분류되어 온라인 대시보드에 정리된다. 이를 통해 매일 아침 이메일이나 앱으로 전날까지의 잔액, 매출, 지출 현황을 받아볼 수 있어 회사의 재무 상태를 수시로 파악할 수 있다. 또한 종이 영수증을 손으로 입력할 필요 없이 영수증 사진만 찍어 업로드하면 AI가 내용을 읽어 항목별 지출로 자동 분류해 준다. 이렇게 정리된 자료는 세무 신고 때 활용되며, 사용자는 필요한 자료를 자비스 시스템에 올리기만 하면 된다. 그러면 자비스와 연계된 전문 세무사가 해당 데이터를 검토하고 누락된 부분을 확인한 뒤 세무 신고를 대행한다. 즉, AI가 기본적인 장부 정리와 분석을 수행하고, 인간 전문가가 최종 검수와 신고를 맡는 하이브리드 형태다. 이러한 모델 덕분에 자비스 이용자는 세무사 사무실을 직접 찾지 않고도 온라인으로 모든 회계·세무 업무를 처리할 수 있다. 예전에는 전화로 세무사와 통화하거나 서류를 주고받아야 했지만, 이제는 자비스의 전용 문의 게시판에 질문이나 요청을 남기고 답변을 받으면 된다. 자비스앤빌런즈는 이러한 AI 경리 서비스로 약 129억 원의 투자를 유치하며 성장해 왔는데, 이는 소규모 기업들의 회계 관리에 큰 틈새가 있었음을 보여 준다. 실제 이용자들은 '회사에 경리 직원을 둔 것처럼 편하다', '세무 신고 기간이 두렵지 않다'는 반응을 보이고 있다.

이 밖에도 전통적인 회계 소프트웨어 기업부터 신생 스타트업까지 AI 기반 서비스를 속속 내놓으며 치열하게 경쟁하고 있다. 초기에는 자동화 시스템의 정확성에 의문을 제기하는 시선도 있었지만, 캐시노트나 자비스처럼 성과를 증명한 사례들이 등장하면서 이러한 AI 회계 프로그램은 소규모 사업자의 필수 도구로 보편화되는 추세다.

지출 자동 분석과 비용 절감

AI 회계 프로그램의 가장 큰 장점 중 하나는 지출 내역의 자동 분석이다. 혼자 사업을 할 때는 어디에 돈이 얼마나 쓰이는지를 빠짐없이 챙기기 어렵다. 하루하루 매출을 올리는 것만으로도 바쁜 상황에서, 사소한 지출까지 일일이 기록하고 분류하는 일은 밀리기 마련이다. 예를 들어 작은 카페를 운영하는 사장님의 경우, 원두와 우유 같은 재료비부터 컵 홀더나 냅킨 같은 소모품 비용, 월세와 공과금, 직원이 있다면 인건비까지 지출 항목이 매우 다양하다. 여기에 개인 카드로 결제한 항목까지 섞이면 정리하기가 혼란스러워진다. 과거에는 이런 비용을 제때 정리하지 못해 "돈은 버는데 남는 게 없다"는 막연한 고민에 빠지기 일쑤였다.

하지만 AI 회계 서비스를 도입한 이후, 지출 관리의 양상이 달라지고 있다. 캐시노트나 자비스 같은 프로그램은 사업자 본인 또는 직원의 사업용 카드, 법인카드를 연동해 두면 사용 내역을 실시간으로 불러온다. 이후 각 지출 항목에 자동으로 분류 태그를 달아 정리해 준다. 예를 들어 "3월 5일 A마트 - 5만 원"이라는 카드 사용 내역이 있으면 이를 식재료 구입비로 인식해 자동 분류하고, "3월 10일 한국전력 - 12만 원"은 공공요금으로 입력하는 식이다. 사람이 한다면 영수증을 하나하나 확인하고 가계부에 적어야 할 일을 AI는 수백 건이라도 몇 초 만에 처리한다.

이렇게 자동 분류된 지출 데이터는 곧바로 시각화되거나 요약 정보로 제공된다. 월말이 되면 해당 월의 총지출액과 주요 항목별 비중이 대시보드나 리포트 형태로 나타난다. 작은 가게를 운영하는 사장님도 "이번 달 재료비는 얼마, 임대료와 공과금은 얼마, 기타 경비는 얼마" 식으로 지출 흐름을 한눈에 파악할 수 있다. 이로써 어디에서 비용이 많이 나가는지를 쉽게 확인할 수 있고, 자연스럽게 절감 방안에 대한 아이디어도 생긴다. 예를 들어 매출 대비 재료비 비중이 높다면 식재료 낭비를 줄이거나 거래처를 바꿔 원가를 낮춰야겠다는 판단을 내릴 수 있다. 또 고정비가 매출의 절반 이상을 차지한다면 손익분기점을 다시 계산해 보고 영업 전략을 재조정할 수도 있다.

지출 자동 분석 기능은 실제로 비용 절감으로 이어지는 경우가 많다. 수치로 확인이 가능하니 불필요한 지출을 줄이기가 수월해진다. 예컨대 한 온라인 쇼핑몰 창업자는 AI 회계 프로그램을 통해 지출 내역을 점검하다가 매달 자동 결제되던 여러 SaaS 구독 서비스와 사용하지 않는 소프트웨어 라이선스를 발견해 정리하고, 매달 수십만 원의 비용을 아꼈다. 또 한 카페 사장님은 재고 관리 앱과 캐시노트를 연동해 유통 기한이 임박한 재료의 낭비를 줄였고, 그 결과 월 비용의 10% 이상을 절약했다. 이처럼 데이터 기반 의사결정이 가능해지면서 단순한 절약이 아닌, 실제로 어디를 손봐야 할지를 정확히 파악하고 실행할 수 있게 된다.

과거 회계 사무소에서 제공하던 결산 보고서를 떠올려 보면, 1년에 한 번 받을까 말까 했던 손익 계산서나 지출 내역표를 이제는 월간 또는 주간 단위로 자동 제공받을 수 있다. 그것도 어려운 회계 용어가 아닌 "이러이러한 항목에 비용이 많이 지출되었습니다" 같은 쉬운 설명이 함께 제공되어 이해도 쉽다. 요컨대 AI 회계 프로그램은 1인 창업자의 지출 관리에서 누락 없이 기록하고, 스스로 분석하며, 절약할 곳까지 짚어주는 일석삼조의 도구로 자리매김하고 있다.

세무 신고 자동화

사업을 하다 보면 정기적으로 세무 신고 시즌이 찾아온다. 개인 사업자의 경우 부가가치세 신고는 1월과 7월, 종합소득세 신고는 5월 등 일정이 정해져 있다. 과거에는 이 시기가 다가올수록 장부 정리에 마음이 급해지고, 신고를 잘못해 가산세를 물지 않을까 걱정하는 일이 많았다. 특히 사업을 처음 시작한 1인 창업자에게 세무 신고는 낯설고 복잡한 절차로 느껴지기 쉽다. 매출 자료는 어디서 받아야 하는지, 어떤 경비를 공제받을 수 있는지, 관련 증빙은 어떻게 제출해야 하는지 등 모든 단계가 어렵게 다가온다. 이러한 이유로 많은 이들이 비용을 들여 세무사에게 신고를 맡기거나, 반대로 너무 간단하게 신고해 정당하게 환급받을 수 있는 세금을 놓치기도 한다.

AI 기반 세무 신고 자동화는 이러한 부담을 획기적으로 줄여준다. 앞서 언급한 AI 회계 서비스들은 평소 장부 정리는 물론, 세금 신고 시기에 필요한 절차까지 자동화해 처리할 수 있도록 돕는다. 예를 들어 캐시노트는 종합소득세 신고 기간에 맞춰 '종합소득세 간편 신고' 기능을 제공한다. 이 기능을 활용하면 소상공인은 스마트폰을 통해 몇 가지 정보만 확인하고 입력하는 것만으로도 복잡한 세금 신고 절차를 마칠 수 있다. 이미 캐시노트에 연동된 카드 매출, 홈택스의 현금영수증·세금계산서 데이터가 결합되어 신고에 필요한 소득과 비용이 자동 계산된다.

AI는 사업자의 업종과 규모에 따라 유리한 신고 방식까지 판단해 준다. 한국 세법에는 간편 장부 대상자, 복식 부기 의무자 등 사업 유형별로 적용되는 규정이 다르다. 이런 기준을 일반 창업자가 모두 이해하고 적용하기란 쉽지 않다. 캐시노트는 단순 경비율 신고가 유리한지, 간편 장부 방식이 이익인지 등을 분석해 최적의 신고 형태를 제안한다. 사용자는 화면 안내에 따라 누락된 비용이나 공제 항목만 점검하면 된다.

이렇게 준비된 신고 내용은 클릭 한 번으로 국세청에 전자 제출할 수 있다. 실제로 캐시노트 사용자 다수는 세무사의 도움 없이 해당 기능을 통해 종합소득세를 신고하고 있으며, 이 과정이 워낙 간단해 "인터넷 뱅킹보다 쉽다"는 반응도 있다. 부가세 신고 경험이 없던 창업자가 자비스를 통해 처음으로 신고를 무사히 마친 사례도 있다. 자비스는 부가세 신고 시기에 맞춰 매출·매입 세액을 자동으로 집계하고, 해당 데이터를 세무 대행 파트너가 전자 신고까지 처리해 주기 때문에 사용자는 마치 전문 회계사를 둔 것 같은 편리함을 느낄 수 있다.

세무 신고 자동화는 단순한 편의성에 그치지 않고, 탈루와 오류를 줄이는 데도 기여한다. AI는 사람이 실수하기 쉬운 계산을 정확히 처리하며, 세법 개정 사항도 자동으로 반영한다. 해마다 바뀌는 공제 항목이나 세율도 서비스 업데이트를 통해 자동 적용되므로, 사용자가 세법을 따로 공부할 필요가 없다. 또한 누락된 자료가 없는지

체크리스트로 확인해 주고, 신고서를 제출하기 전 오류 검토 기능도 제공해 숫자 오류를 사전에 방지한다. 기존에는 세무사가 직접 검토하던 일을 AI가 1차로 대신해 주는 것이다.

1인 창업자에게 세무 신고는 본업이 아닌 만큼, 이러한 자동화는 그들이 본업에 집중할 수 있도록 도와주는 중요한 지원책이 된다. 한때 "세금은 AI에게 맡겨라"라는 말이 농담처럼 들렸지만, 이제는 점차 현실이 되고 있다.

참고문헌

김진아(2021.2.23). "'AI 세무회계' 자비스앤빌런즈, 65억 투자 유치". 《벤처스퀘어》. https://www.venturesquare.net/824112

박문수 · 박진(2023.10.31). 《디지털 전환 시대 한국 스타트업의 생존과 성장 조건》. 한국산업연구원. https://www.kiet.re.kr/research/reportView?report_no=1083

안상현(2025.4.10). "세금 환급에 몰리는 사람들... 삼쩜삼 1년새 환급 신고액 7000억원 늘어". 《조선일보》. https://www.chosun.com/economy/tech_it/2025/04/10/KGBGKEKOWRFGPENGMZHYGKRNLQ/

이상원(2023.4.6). "AI 세무회계 스타트업 춘추전국시대". 《비즈워치》.

http://news.bizwatch.co.kr/article/mobile/2023/04/06/0008
이준기(2022). 《AI로 경영하라》. 인플루엔셜.
이현범(2024). "생성형AI가 회계 업무의 효율성을 향상시키는데 미치는 영향: 마이크로소프트 코파일럿을 중심으로". 《문화산업연구》, 24(4), 161~167쪽. https://www.kci.go.kr/kciportal/ci/sereArticleSearch/ciSereArtiView.kci?sereArticleSearchBean.artiId=ART003166028
정명화(2024.4.11). "한국신용데이터, 23년 매출 1,380억원 기록... 전년비 2배 성장". 《와우테일》. https://wowtale.net/2024/04/11/75001/

09
1인 창업과 AI 윤리

AI 콘텐츠 활용에서 1인 창업자는 저작권, 윤리적 마케팅, 개인정보 보호의 세 가지 핵심 이슈를 주의해야 한다. 첫째, AI가 만든 콘텐츠는 저작권 보호를 받기 어렵기 때문에 창업자의 창의적 편집이 필요하며, AI 학습 데이터의 출처도 신중히 검토해야 한다. 둘째, 윤리적 마케팅을 위해 AI 생성 콘텐츠의 진정성과 투명성을 확보하고, 허위 광고나 딥페이크 활용을 지양해야 한다. 셋째, 개인정보는 최소 수집 · 철저한 보호 원칙을 지켜야 하며, 데이터 활용 시 이용자 신뢰를 최우선으로 고려해야 한다.

AI와 화장품?

AI 콘텐츠의 저작권

인공지능이 생성한 글, 그림, 음악 같은 콘텐츠의 저작권 문제는 1인 창업자에게 중요한 이슈가 되고 있다. 기존 「저작권법」은 '인간의 사상 또는 감정을 표현한 창작물'만을 보호 대상으로 삼으며, 이에 따라 AI가 단독으로 만들어 낸 결과물에는 원칙적으로 저작권이 인정되지 않는다. 실제로 한국저작권위원회에서도 AI가 창작한 작품은 저작물로 볼 수 없다는 가이드라인을 제시한 바 있다. 예를 들어, 2023년 말 국내에서 생성형 AI를 활용해 제작된 영화 〈AI 수로부인〉은 AI가 만든 영상과 이미지 자체에는 저작권이 인정되지 않았으며, 대신 제작자가 해당 요소들을 선정하고 배열해 창의적으로 구성한 부분만 '편집저작물'로 보호를 받았다. 이는 「저작권법」이 인간의 창작성이 얼마나 개입했는지를 중요한 기준으로 삼고 있음을 보여 준다. 따라서 현재의 법률 기준으로 볼 때, 창업자가 AI를 활용해 콘텐츠를 제작할 경우 AI가 자동으로 생성한 결과물만으로는 법적 보호를 받기 어려울 수 있다는 점을 유념해야 한다. 즉, 공들여 만든 AI 이미지나 글이라도 그것이 AI의 산출물에 불과하다면, 타인이 이를 자유롭게 사용할 가능성이 있으며, 이를 법적으로 제재하기 어려울 수 있다.

또한 AI 콘텐츠의 저작권 문제에서는 AI의 학습 단계에서 발생하는 저작권 침해 여부도 중요한 쟁점이 되고 있다. 실제로 미국 ≪뉴욕타임스≫는 오픈AI와 마이크로소프트가 자사 기사를 허가 없이 AI 학습에 사용했다며 소송을 제기했고, 유명 작가인 조지 R. R. 마틴과 존 그리샴 등도 챗지피티의 학습 과정에서 자신의 소설이 무단으로 이용되었다며 집단 소송을 진행했다. 또한, 세계 최대 스톡 이미지 업체인 게티이미지는 2023년 자사의 사진 1200만 장이 무단으로 AI 학습에 활용되었다며 이미지 생성 AI 개발사를 상대로 약 2300조 원 규모의 손해 배상 소송을 제기하며 강경한 대응을 보였다. 이러한 사례들은 AI 콘텐츠를 생산하거나 활용하는 기업들이 저작권 문제로 인해 법적 분쟁에 휘말릴 가능성이 있음을 보여 주며, AI를 활용하는 1인 창업자도 이러한 법적 리스크를 충분히 인지하고 신중하게 접근할 필요가 있다.

1인 창업자 입장에서는 AI를 활용할 때 전략적으로 두 가지를 고려하는 것이 중요하다. 첫째, AI가 생성한 결과물에 직접 편집이나 수정을 가해 사람의 창의적 개입을 더하는 것이다. 이렇게 하면 해당 부분은 창작물로 인정받을 수 있어 법적 권리를 어느 정도 확보할 수 있다.

추후 분쟁이 발생하더라도 인간의 창작물이 포함되어 있음을 증명해 저작권을 주장할 수 있다. 둘째, AI 도구가 학습한 데이터의 출처와 라이선스를 신경 써야 한다. 가능하면 저작권이 명확하게 정리된 AI 플랫폼을 활용하거나, 공개 라이선스 데이터를 이용하는 것이 안전하고, 출처를 명시하거나 라이선스 비용을 지불하는 등의 조치를 취하는 것이 필요하다. 현재 법원에서도 AI 학습에 대한 공정 이용 여부를 판단하는 기준을 점차 마련하고 있지만, 스타트업이나 1인 기업이 대기업처럼 장기적인 소송을 감당하기는 어렵기 때문에 사전에 리스크를 줄이는 보수적인 접근이 필요하다. 따라서 AI 시대에 콘텐츠를 활용하는 1인 기업가는 "AI가 해주니까 괜찮겠지"라는 안일한 태도를 경계하고, 저작권 관련 법령의 변화 추이를 지속적으로 살펴야 한다. 인간과 AI의 공동 창작 시대에 맞춰 법과 제도도 발전하고 있는 만큼, 관련 뉴스와 가이드라인을 꾸준히 확인하며 자신의 창작물이 법적 보호를 받을 수 있도록 전략적으로 대비하는 것이 중요하다.

생성형 AI와 윤리적 마케팅의 경계

AI 기술은 1인 기업의 마케팅 혁신 도구가 될 수 있지만,

동시에 윤리적 문제를 내포하고 있다. 예를 들어 홍보용 글이나 광고 이미지를 생성형 AI를 활용해 빠르게 만들어 낼 수 있으며, 고객 응대용 챗봇도 혼자 힘으로 구축할 수 있다. 이러한 효율성은 창업자에게 큰 도움이 되지만, AI가 생성한 편향되거나 부정확한 결과물이 잘못 사용될 경우 소비자를 오도하거나 브랜드 신뢰를 저하시킬 위험이 있다. 실제로 최근 광고업계에서는 AI를 사용하지 않겠다고 선언하는 브랜드들이 등장하고 있으며, 이는 AI가 비용 절감과 속도 면에서 강력한 장점을 지니고 있음에도 불구하고 사실과 다른 콘텐츠가 생성되면서 논란을 빚는 사례가 많기 때문이다.

윤리적 마케팅에서 특히 중요한 부분은 진정성과 투명성이다. 만약 AI를 활용해 가상의 인플루언서를 만들어 홍보하거나, 딥페이크 기술로 존재하지 않는 고객 사례를 꾸며 낸다면 단기적으로는 눈길을 끌 수 있겠지만, 소비자가 이를 알게 될 경우 심각한 배신감을 느끼고 브랜드에 대한 신뢰를 잃을 수 있다. 실제 사례로, 2023년 글로벌 의류 기업 리바이스는 AI로 다양한 인종의 가상 모델을 만들어 광고에 활용하겠다고 발표했다가 큰 반발을 샀다. 결국 리바이스는 해명과 함께 AI 모델 도입 방침을 조정해야 했으며, 이 사례는 아무리 선의로 포장

하더라도 AI 활용이 자칫하면 비윤리적 술수로 인식될 수 있음을 잘 보여 준다.

또 다른 예로, 글로벌 뷰티 기업 도브는 최근 진행한 '더 코드' 캠페인을 통해 AI의 윤리적 한계를 지적하며, 광고에서 실제 사람을 묘사할 때 AI를 절대 사용하지 않겠다고 선언했다. 도브는 AI가 가진 편향성을 실험하기 위해 먼저 AI에게 '세계에서 가장 아름다운 여성'을 그려 보라고 요청했는데, AI는 날씬한 금발 백인 여성 이미지만을 생성하며 미적 기준에 대한 편협한 고정 관념을 그대로 답습하는 결과를 보였다. 이후 도브는 AI에게 자사의 '진정한 아름다움' 캠페인 취지를 반영해 아름다운 여성상을 묘사하도록 다시 요청했고, 이번에는 인종, 피부색, 연령, 체형, 헤어스타일이 제각기 다른 여성 이미지들이 생성되었다. 도브는 이 실험 영상을 공개하며 "우리는 여성의 이미지를 생성하거나 왜곡하는 AI를 절대로 사용하지 않겠다"는 메시지를 전달했다. AI를 무분별하게 활용할 경우 사회의 왜곡된 편견을 강화할 수 있기에, 도브는 인간 중심의 윤리 원칙을 지키겠다는 입장을 명확히 밝혔다. 이처럼 책임 있는 마케팅을 위해 몇몇 선도 기업들은 AI 활용에 대한 자체 가이드라인을 마련하고 있으며, 레고 역시 AI가 만들어 낸 시제품 이미지가 팬들 사이에서 혹평을 받으며 논란이 되자 해당 이미지를 즉시 삭제하고 자사 콘텐츠 제작에는 AI를 사용하지 않겠다는 방침을 공식적으로 발표한 바 있다.

1인 창업자의 마케팅에서도 윤리적 경계를 설정하는 것은 매우 중요하다. 첫째, AI가 생성한 광고물은 사실관계와 맥락을 반드시 검토해야 한다. 예를 들어, AI 챗봇이 작성한 홍보 문구라도 과장되거나 검증되지 않은 정보가 포함되지 않았는지 창업자가 직접 확인하는 과정이 필요하다. 허위 광고는 법적 제재를 받을 뿐만 아니라 고객의 신뢰를 잃는 지름길이 될 수 있다. 둘째, 소비자가 인간과 AI를 구분할 권리를 존중해야 한다. 만약 AI로 제작된 가상 모델이나 자동 생성된 리뷰를 활용했다면, 이를 투명하게 밝히는 것이 오해를 방지하는 데 도움이 된다. 이미 여러 국가에서 AI 생성 콘텐츠에 대한 표시 의무를 법제화하려는 움직임이 있으며, 이러한 변화에 대비하는 것이 바람직하다. 셋째, AI가 윤리적으로 논란이 될 수 있는 영역에서는 애초에 활용을 피하는 전략이 필요하다. 예를 들어, 타인의 초상권, 목소리, 필체 등을 무단으로 흉내 내는 딥페이크형 마케팅이나, 알고리즘을 이용해 소비자가 인지하지 못한 채 구매를 유도하는 다크 패턴 같은 기법은 기업의 평판에 치명적인 영향을 미칠 수 있다. 이는 단순히 비윤리적인 문제를 넘어 사기로 간주될 수도 있어 강력한 규제의 대상이 될 가능성이 크므로, 창업자는 이러한 리스크를 사전에 인지하고 신중하게 접근해야 한다.

결국 작은 스타트업일수록 윤리적 마케팅이 곧 현명한 마케팅이 된다. 자본이나 인력이 부족한 1인 기업이 AI를 활용해 성과를 내고 싶다면, 그 활용 범위와 방식을 스스로 명확히 정해야 한다. AI는 반짝 효과를 줄 수 있지만, 신뢰를 잃으면 회복하기 어려운 법이다. 특히 창업자 본인이 곧 브랜드인 1인 기업의 경우, 윤리적 실수 하나가 치명상이 될 수 있으므로 더욱 신중한 접근이 필요하다. 따라서 AI 시대에도 변하지 않는 핵심은 사람의 신뢰라는 점을 기억하고, 고객의 입장에서 불편함이나 기만으로 느낄 요소가 없는지 항상 점검하는 지혜가 요구된다.

개인정보 보호와 데이터 윤리

AI 시대에 데이터는 새로운 자산이지만, 개인정보 보호는 1인 창업자가 반드시 짚고 넘어가야 할 윤리적 · 법률적 과제다. 특히 서비스를 개인화하거나 맞춤형 AI 모델을 만들고자 할 때, 고객의 개인정보를 수집 · 활용하는 일이 빈번히 발생하는데, 이 과정에서 프라이버시 침해나 데이터 오남용이 발생하면 사업 자체가 중단될 만큼 심각한 결과를 초래할 수 있다.

AI 시대에 데이터는 새로운 자산이지만, 개인정보 보호는 1인 창업자가 반드시 짚고 넘어가야 할 윤리적 · 법률적 과제다. 특히 서비스를 개인화하거나 맞춤형 AI 모델을 만들고자 할 때, 고객의 개인정보를 수집 · 활용하는 일이 빈번히 발생하는데, 이 과정에서 프라이버시 침해나 데이터 오남용이 발생하면 사업 자체가 중단될 만큼 심각한 결과를 초래할 수 있다.

국내 사례로 AI 챗봇 '이루다' 사건은 개인정보 보호의 중요성을 여실히 보여 준다. 스타트업 스캐터랩이 출시한 이루다는 20대 여대생 캐릭터의 자연스러운 대화로 큰 주목을 받았으나, 곧 훈련 데이터로 사용된 실제 카카오톡 대화 내용에 포함된 개인정보가 노출되면서 문제가 불거졌다. 이용자들은 이루다와 대화 중에 "특정 은행 예금주의 실명"이나 "아파트 동 호수" 등 실제 개인정보로 보이는 구체적 내용이 AI 응답으로 등장했다며 경악했고, 조사 결과 이 AI는 스캐터랩이 운영하던 다른 앱들에서 수집한 사적 대화 데이터로 학습되었고, 대화 속 이름 · 주소 등 민감 정보가 충분히 익명화되지 않은 채 사용된 것으로 드러났다. 더욱이 그 데이터 중에는 만 14세 미만 아동·청소년 20만여 명의 대화도 보호자 동의 없이 포함되어 있었고, 결국 2021년 개인정보보호위원회는 해당 스타트업에 총 1억여 원에 달하는 과징금·과태료 처분을 내렸으며, 문제의 챗봇 서비스는 폐지되었다. 이 사건은 작은 스타트업도 개인정보 보호법의 예외가 될 수 없으며, "서비스 개선"이나 "AI 학습"이라는 명분으로 이용자 데이터를 무단 활용해서는 안 된다는 강력한 경고였다.

해외에서는 오픈AI사의 챗지피티가 유럽에서 프라이버시 이슈로 제동이 걸린 사례도 있다. 이탈리아 데이터 보호 감독 기관은 2023년 챗지피티에 대해 "방대한 개인 데이터를 수집·저장할 법적 근거가 없다"며 서비스 일시 중단과 조사를 명령했고, 오픈AI가 이에 대응하지 않으면 2천만 유로 또는 전 세계 매출의 4%에 해당하는 벌금을 부과할 수 있다고 경고했다.

데이터 윤리 측면에서 창업자는 법을 준수하는 것 이상으로 이용자의 신뢰를 고려해야 한다. 법적으로 문제가 없더라도 이용자가 예상하지 못한 방식으로 본인의 데이터가 활용되면 신뢰를 잃을 수 있기 때문이다. 따라서 개인정보 수집 단계부터 '최소한의 정보만, 투명한 목적 하에' 가져오는 원칙을 세우는 것이 좋으며, 서비스 기획 초기부터 필요 이상으로 개인 식별이 가능한 데이터를 모으지 않고, 반드시 필요한 경우에도 안전하게 암호화·익명화해 관리해야 한다. 또한 이용자에게 데이터 활용 목적과 보관 기간 등을 명확히 알리고 동의를 구하는 절차를 충실히 밟아야 하며, 특히 1인 사업자는 대기업처럼 법무 팀이 별도로 있는 것이 아니므로 표준 약관이나 개인정보 처리 방침을 직접 숙지하고 작성해야 한다. 다소 번거롭더라도 관련 기관에서 제공하는 가이드라인을 참고해 빠뜨리는 항목이 없도록 해야 한다.

결국 신뢰받는 기업이 되기 위한 첫걸음은 개인정보와 데이터 윤리를 철저히 지키는 것이다. 1인 창업자는 고객 한 사람 한 사람이 소중하기 때문에 그들의 정보도 마치 가족의 정보처럼 신중하게 다루는 자세가 필요하다. 이는 단순히 법적 리스크를 줄이는 것을 넘어, "이 회사라면 내 정보를 맡겨도 안심이다"라는 신뢰를 구축하는 과정이기도 하다. AI와 데이터가 중심이 되는 시대에서 데이터 윤리를 철저히 준수하는 스타트업만이 지속적으로 성장할 수 있다는 점을 항상 염두에 두어야 한다.

끝으로, AI 윤리 준수를 기업 문화로 정착시키는 노력이 필요하다. 1인 기업이라 하더라도 서비스가 확장되면 직원을 고용하거나 협력사를 만나게 될 텐데, 이때 "우리 회사는 공정하고 신뢰할 수 있는 AI 활용을 지향한다"는 원칙을 분명히 하는 것이 좋다. 이는 대외적으로 책임 있는 스타트업으로서 브랜드 이미지를 높이는 동시에, 내부적으로는 의사결정에 기준을 제공해 혼선을 줄이는 효과가 있다. 또한, 요즘 투자자들도 AI 윤리를 소홀히 하는 팀에 우려를 표시하는 경우가 많기 때문에, 초기부터 윤리적인 가치를 가진 창업자임을 보여 주는 것도 긍정적인 요소가 될 수 있다.

신뢰할 수 있는 AI(Worthy AI)와 책임 있는 AI(Responsible AI)는 세계적으로 중요한 화두이며, 2023년 G7 정상 회의에서도 각국이 "신뢰할 수 있는 AI를 위해 적절한 규범이 필요하다"고 합의한 바 있다. 이는 거대 기업이나 정부뿐만 아니라, AI를 활용하는 모든 사업자에게 요구되는 책무다. 특히 1인 창업자는 민첩하고 혁신적인 만큼, 문제가 발생하면 모든 책임이 본인에게 직접 돌아올 수 있다는 위험도 함께 안고 있다. 따라서 AI 알고리즘을 제대로 이해하고 통제하는 능력은 사업 지속 가능성과 직결된다고 볼 수 있다. 결국, 기술에 대한 맹신보다 중요한 것은 기술을 사람 중심으로 운영하려는 윤리적 균형 감각이다. AI의 실력은 계속 발전하겠지만, 고객은 여전히 인간적인 공정함과 배려를 원한다. 알고리즘에 의존하되, 최종적인 책임과 가치 판단은 사람이 맡아야 하며, 이것이 AI 시대의 1인 창업자가 가져야 할 신뢰 전략이 될 것이다.

참고문헌

권단(2024.3.21). “[사례로 풀어보는 캐릭터 저작권] 생성형 AI 콘텐츠 저작권 이슈”. 《아이러브캐릭터》. https://ilovecharacter.com/news/newsview.php?ncode=1065589815522600

김동현 · 이청호(2022). “선이해와 데이터 편향: 윤리적 인공지능의 도덕 온톨로지 구축을 위한 예비작업”. 《인공지능인문학연구》, 10, 155~176쪽. https://www.kci.go.kr/kciportal/ci/sereArticleSearch/ciSereArtiView.kci?sereArticleSearchBean.artiId=ART002839072

박지혜(2024.4.22). “‘광고·마케팅에 AI 금지’… 로레알·도브·레고·H&M·띵스(Thinx)의 전략은?”. 《뉴데일리비즈》. https://biz.newdaily.co.kr/site/data/html/2024/04/22/2024042200340.html

송원영(2021.4.28). “개인정보위, ‘이루다’ 개발사에 과징금·과태료 등 제재 처분”. 《머니투데이》. https://news.mt.co.kr/mtview.php?no=2021042814128218201

이성엽 외(2024). 《생성형 AI와 법》. 박영사.

장종원(2024.8.13). “AI 작품, 어디까지 저작권을 인정받을 수 있을까?". 삼성SDS 인사이트.
https://www.samsungsds.com/kr/insights/ai-copyright-240813.html

차주경(2023.2.9). "게티이미지, 인공지능 사진 생성 도구에 '2,268조원' 소송 제기". 《IT동아》.
https://v.daum.net/v/4sXZL6bDQi?f=p

Brittain, B.(2023.2.7). Getty Images lawsuit says stability AI misused photos to train AI. *Reuters.*
https://www.reuters.com/legal/getty-images-lawsuit-says-stability-ai-misused-photos-train-ai-2023-02-06/

Coeckelbergh, M.(2020). *AI Ethics.* MIT Press. 신상규·석기용 옮김(2023). 《AI 윤리에 대한 모든 것》. 한빛미디어.

Fried, I.(2024.3.15). Lego says its use of AI-generated images was a mistake. Axios.
https://www.axios.com/2024/03/15/lego-ai-ninjago-images

Grynbaum, M. M. & Mac, R.(2023.12.27). The Times sues OpenAI and Microsoft over A.I. use of copyrighted work. *New York Times.*
https://www.nytimes.com/2023/12/27/business/media/new-york-times-open-ai-microsoft-lawsuit.html

Holt, B.(2023.4.4). Levi's Said They'll Use AI-Generated Models to 'Increase Diversity'. Business Insider.
https://www.businessinsider.com/levis-ai-generated-company-models-diversity-backlash-2023-3

Lim, D.(2023.12.7). Generative AI and copyright: Principles, priorities and practicalities. SSRN.
https://papers.ssrn.com/sol3/papers.cfm?abstract_id=4644173

Lomas, N.(2023.3.31). Italy orders ChatGPT blocked over privacy concerns. TechCrunch. https://techcrunch.com/2023/03/31/chatgpt-blocked-italy/

Mulligan, S. J.(2025.3.11). These new AI benchmarks could help make models less biased. MIT Technology Review. https://www.technologyreview.com/2025/03/11/1113000/these-new-ai-benchmarks-could-help-make-models-less-biased/

Pollina, E. & Mukherjee, S.(2023.4.1). Italy curbs ChatGPT, starts probe over privacy concerns. *Reuters.* https://www.reuters.com/technology/italy-data-protection-agency-opens-chatgpt-probe-privacy-concerns-2023-03-31/

Roth, E.(2023.12.27). The New York Times is suing OpenAI and Microsoft for copyright infringement. The Verge. https://www.theverge.com/2023/12/27/24016212/new-york-times-openai-microsoft-lawsuit-copyright-infringement

Unilever(2024.4.23). "20 years on: Dove and the future of real beauty". https://www.unilever.com/news/news-search/2024/20-years-on-dove-and-the-future-of-real-beauty/

Weatherbed, J.(2023.5.28). Levi's will test AI-generated clothing models to 'increase diversity'. The Verge. https://www.theverge.com/2023/3/27/23658385/levis-ai-generated-clothing-model-diversity-denim

Whittaker, M. et al.(2018.12). AI now report 2018. New York University AI Now Institute. https://ainowinstitute.org/AI_Now_2018_Report.pdf

10
AI 시대 창업자의 역량

AI 시대의 창업자는 AI 리터러시를 갖추고 프롬프트 엔지니어링 능력을 통해 AI 도구를 효과적으로 활용해야 한다. 또한 브랜딩, 마케팅, UX 등 다양한 분야에 대한 폭넓은 이해와 창의성, 감성 지능이 결합되어야 창업의 성공 가능성이 높아진다. 빠른 실행력과 학습 능력은 시장 변화에 민첩하게 대응할 수 있게 하며, 지속 가능한 학습 전략은 장기적 경쟁력을 결정짓는다. 결국 창업자는 끊임없이 배우고 실천하는 통섭형 리더가 되어야 한다.

종교와 AI?

AI 리터러시

디지털 시대에 컴퓨터 활용 능력이 필수였던 것처럼, AI 시대에는 AI 리터러시(literacy)가 새로운 기본 역량으로 떠오르고 있다. 이는 인공지능의 원리와 한계를 이해하고, AI 도구를 업무와 사업에 효과적으로 활용할 수 있는 능력을 의미한다. 예를 들어, 2022년 말 공개된 챗지피티는 출시 5일 만에 사용자 100만 명을 모으며 세계적인 열풍을 일으켰다. 같은 100만 명 확보에 넷플릭스는 3년 반, 페이스북은 10개월, 인스타그램은 2개월 반이 걸린 것과 비교하면, AI가 얼마나 빠르게 확산되고 있는지를 보여 준다. 이는 많은 사람들이 AI를 필수적인 도구로 받아들이고 있다는 뜻이며, 창업자라면 이러한 흐름에 뒤처지지 않고 능동적으로 AI 기술을 익히고 활용하는 태도가 필요하다.

AI 리터러시의 핵심 중 하나로 프롬프트 엔지니어링(prompt engineering)이 자주 언급된다. 이는 챗지피티 같은 대규모 언어 모델에게 원하는 결과를 얻도록 질문이나 지시를 정교하게 구성하는 기술을 의미한다. 실리콘밸리 AI 스타트업 삼바노바 시스템즈(SambaNova Systems)의 임원 마셜 초이는 프롬프트 엔지니어링에 대해 "작업 요건에 정확하게 맞도록 LLM을 빠르고 쉽게 맞춤화해 제품 프로토타이핑 및 탐색을 신속하게 반복할 수 있도록 지원한다"라고 설명했다. 그만큼 잘 구성된 프롬프트는 AI가 특정 산업이나 맥락에 맞는 답변을 내놓게 해주며, 이를 통해 창업자는 마치 유능한 직원을 둔 것처럼 다양한 업무를 수행할 수 있다. 실제로 최근에는 뛰어난 프롬프트 작성 실력을 갖춘 프롬프트 엔지니어라는 직종이 연봉 수억 원대의 전문직으로 부상하기도 했다. 그만큼 AI를 잘 다루는 능력이 새로운 경쟁력으로 인식되고 있으며, 창업자가 이를 적극적으로 익히고 활용하는 것이 중요한 시대가 되었다.

AI 리터러시란 결국 AI의 강점을 극대화하면서도 약점을 관리하는 능력까지 포함한다. 국내외에서는 AI 활용 능력을 키우기 위한 교육과 투자가 활발하며, 대기업들은 직원 대상 AI 리터러시 교육 프로그램을 도입하고 있고, 정부와 학교도 예비 창업가나 중소기업 경영인을 위한 AI 세미나를 개최하고 있다. 그만큼 이제 초급 사원부터 경영진까지 AI를 어느 정도 이해하고 활용할 줄 알아야 한다는 공감대가 형성되어 있으며, AI 분야는 변화 속도가 빨라 최신 흐름을 따라가는 지속적인 공부도 필요하다. 2023년에 공개된 GPT-4 모델은 텍스트뿐 아니라 이미지를 함께 이해하는 멀티모달 AI로 진화해 이전

버전에서는 불가능했던 복잡한 분석과 창작도 해낼 수 있게 되었으며, 이러한 첨단 기술의 등장은 곧 새로운 비즈니스 기회로 이어질 수 있다. 신기술을 남들보다 한 발 먼저 익히고 실험해 본 창업자는 그만큼 유리한 고지를 점할 가능성이 크며, 이처럼 AI 리터러시를 제대로 갖춘 창업자는 변화무쌍한 환경에서 남들이 놓치기 쉬운 통찰을 얻고 신속하게 의사결정을 내릴 수 있을 것이다.

다양한 분야에 대한 폭넓은 이해

보통 스타트업 창업 팀에서는 기술, 디자인, 마케팅 등 분야별로 공동 창업자나 팀원이 역할을 나눠 맡지만, 1인 창업자는 아이디어 구상부터 제품 개발, 서비스 운영, 고객 응대까지 전방위적인 역할을 혼자 소화해야 한다. 이때 브랜딩, 마케팅, UX/UI 디자인, 비즈니스 모델 등 다양한 분야에 대한 폭넓은 이해는 사업의 성패를 가르는 밑바탕이 되며, 아무리 뛰어난 기술이나 아이디어도 이를 돋보이게 할 브랜드 스토리와 효과적으로 알릴 마케팅 전략이 없다면 빛을 보지 못할 수 있다. 반대로 훌륭한 마케팅으로 관심을 끌어도 정작 사용자 경험이 불편하거나 수익 모델이 부실하면 사업이 지속되기 어렵기에 창업자는 각 분야의 전문 지식 간 연결 고리를 만들어 전체 그림을 그릴 수 있어야 한다. 스티브 잡스가 "기술과 인문학의 교차점에서 혁신이 발생한다"고 강조하며 애플 제품에 디자인과 감성을 불어넣은 것이 대표적인 예이며, 초기 애플의 공동 창업자들도 기술 전문가와 마케팅 감각이 뛰어난 인물이 조화를 이뤄 성공을 일궜다.

물론 한 사람이 모든 영역의 전문가가 될 수는 없으며, 중요한 것은 한 가지 전문성을 기반으로 하되 다른 분야에 대한 포괄적 이해를 갖춘 균형 잡힌 역량이다. 경영 전문지에 발표된 연구에 따르면, 하나의 시장 또는 기술 분야에 깊은 전문성을 지니면서도 경영, 마케팅, 운영 등 여러 기능 분야에 걸쳐 폭넓은 지식을 보유한 창업자가 그렇지 않은 경우보다 성공 확률이 높다고 하며, 이는 흔히 'T자형 인재'로 불리는 역량 프로파일과도 일치한다. 한 축의 깊이는 남들이 쉽게 따라올 수 없는 자기만의 강점을 의미하고, 가로축의 폭넓음은 아이디어를 실행하고 확산하는 데 필요한 실질적 지식을 의미한다. 예컨대 국내 핀테크 스타트업 토스(Toss)의 이승건 대표는 본래 치과의사였지만 IT와 금융에 대한 폭넓은 관심을 바탕으로 프로그래밍을 독학했고, 의료인의 문제 해결 능력과 코딩 능력을 결합해 간편 송금 서비스라는 혁신을 이

끌어 냈다. 이처럼 이종 분야의 지식을 융합하면 기존에 없던 비즈니스 기회를 포착하거나 남다른 해결책을 제시할 가능성이 커지며, 실제로 최근 스타트업 생태계에서는 개발자 출신의 CEO가 브랜딩과 사업 전략을 공부하거나 디자이너 출신의 CEO가 데이터 분석과 프로그래밍을 배우는 사례도 늘고 있다. 각 분야 간 소통과 이해의 폭이 넓을수록 동료들과 협업도 원활해지고, 예기치 않은 문제에 대한 대처 능력도 향상된다.

오늘날 창업자가 새로운 분야를 배우는 것은 그 어느 때보다 수월해졌다. 온라인 강좌와 전문 서적을 통해 마케팅이나 UX 디자인 같은 낯선 분야도 빠르게 익힐 수 있으며, 각 영역의 전문가들과 교류할 수 있는 커뮤니티도 잘 형성되어 있다. 필요할 경우 프로젝트 단위로 프리랜서나 외부 전문가의 도움을 받는 것도 한 방법이다. 여기에 더해 AI 도구 역시 지식 확장의 조력자로 활용된다. 예를 들어, 익숙하지 않은 영역이 있을 때 챗지피티에게 개념을 설명해 달라거나 시장 데이터를 요약해 달라고 요청하면 단시간에 핵심을 파악하는 데 도움이 된다. 물론 AI의 조언도 기본 개념에 대한 이해가 있을 때 가장 잘 활용할 수 있기 때문에, 창업자는 호기심을 갖고 끊임없이 여러 분야를 공부하는 태도가 필요하다. 결국 요즘 말하는 융합 인재처럼 여러 분야에 대한 통섭형 역량이 AI 시대에 창의적 비즈니스를 설계하는 데 큰 도움을 줄 것이다.

창의성과 감성 지능의 결합

인공지능이 발전할수록 인간 창업자가 발휘해야 할 창의성과 감성 지능(EQ)의 가치가 더욱 부각된다. AI는 방대한 데이터를 바탕으로 패턴을 학습하고 논리를 전개하는 데 뛰어나지만, 완전히 새로운 발상이나 깊이 있는 공감 능력에서는 아직 인간을 대신하지 못한다. 창업자는 남들이 생각하지 못한 창의적인 아이디어로 차별화를 이루고, 고객과 시장의 미묘한 감정을 읽어 내어 이를 비즈니스에 반영할 수 있어야 한다. 흔히 스타트업의 성공 요인으로 "남들이 놓친 불편을 찾아 혁신한다"는 말을 하는데, 여기에는 사용자에 대한 공감과 이를 해결하려는 창의적 접근이 결합되어 있다.

창의성과 감성 지능의 시너지는 여러 사례에서 확인된다. 예를 들어 숙박 공유 플랫폼 에어비앤비(Airbnb)의 창업자는 초기 성장 정체를 겪을 때 사용자들의 숨은 불편을 발견했다. 집을 빌려주는 호스트들이 올린 사진의 품질이 낮아 게스트의 신뢰를 얻지 못한다는 점에 착

안해, 직접 호스트 집을 방문해 고화질 사진을 촬영해 주는 창의적 해결책을 내놓았다. 이 결정은 이용자들의 신뢰를 높여 에어비앤비 성장의 전환점이 되었는데, 단순히 데이터만 봤다면 알기 어려웠을 '신뢰'라는 감정적 요소를 공감한 덕분이었다. 또 다른 사례로 미국의 면도 용품 정기 배송 스타트업 달러 셰이브 클럽(Dollar Shave Club)은 창업자가 직접 출연한 재치 있는 바이럴 영상을 통해 고객의 공감을 불러일으키며 단숨에 큰 성공을 거두었다. 이처럼 진솔하면서도 창의적인 스토리텔링은 작은 회사도 적은 비용으로 대기업과 경쟁할 수 있게 해 주는 무기가 된다. 국내 배달 앱 서비스 배달의민족은 음식 배달이라는 일상적 행위에 감성을 입혀 큰 호응을 얻었다. 배달 음식을 주문하면 함께 배송되는 봉투와 물티슈에 "오늘도 맛있는 하루" 같은 재치 있고 따뜻한 문구를 인쇄해 고객에게 작은 즐거움을 주었고, 이러한 창의적인 브랜딩과 디자인 감성은 고객들의 마음에 긍정적인 인상을 남겨 서비스에 대한 애정을 높였으며, 경쟁사와의 차별화 요소가 되었다.

기업 경영자들도 공감 능력이 혁신에 핵심임을 강조하고 있다. 마이크로소프트 CEO 사티아 나델라는 "공감은 단지 마음씨 좋은 소양이 아니라, 고객의 충족되지 않은 숨은 니즈를 파악하게 해주는 혁신의 원천"이라고 말한 바 있다. 인간의 감정을 읽고 이해하는 능력이 있어야 진정으로 필요한 제품과 서비스를 발명할 수 있다는 뜻이다. 실제로 나델라 CEO는 취임 후 마이크로소프트에 '동행' 문화와 사용자의 목소리에 귀 기울이는 태도를 심어 침체됐던 회사를 부흥시켰다. 이처럼 창업자에게 감성 지능은 고객 만족도 제고뿐 아니라, 경영 전반에서 중요한 역할을 한다.

AI 시대에는 오히려 인간 고유의 창의성과 감성이 이전보다 더 값지게 되었다. 창의성은 AI가 학습한 적 없는 참신한 방향을 제시해 줄 수 있고, 감성 지능은 데이터로 포착되지 않는 사람들의 마음을 이해하는 데 필수적이다. 앞으로도 성공하는 창업자들은 AI를 활용해 루틴한 업무를 효율화하는 동시에, 자신은 인간만이 할 수 있는 창조적 구상과 공감의 리더십에 집중할 것으로 보인다. 차갑게 느껴질 수 있는 첨단 기술에 인간적인 온기를 불어넣는 것이야말로 AI 시대에 돋보이는 기업을 만드는 비결일 것이다.

빠르게 실험하며 학습하는 실행력

스타트업 세계에서는 "실행을 통한 학습"이 아이디어 그 자체만큼이나 중요하다. 아무리 그럴듯한 사업 구상도 실제 시장의 반응을 겪으며 끊임없이 다듬어져야 성공에 가까워진다. 이때 필요한 것이 주저하지 않고 아이디어를 시험해 보는 실행력이며, 결과에 따라 재빨리 배우고 개선하는 학습 능력이다. 린 스타트업(Lean Startup) 방식으로 불리는 이러한 접근법은 계획보다 행동을 우선시하고, 완벽한 정답을 찾기보다 빠르게 MVP(Minimum Viable Product, 최소 기능 제품)를 만들어 피드백을 얻는 것을 강조한다. 일찍 실험하고 실패하더라도 그만큼 빨리 교훈을 얻을 수 있다는 철학이다.

실리콘밸리의 많은 성공 사례들은 빠른 실험의 결과물이다. 사진 공유 소셜 미디어로 유명한 인스타그램은 원래 '버븐(Burbn)'이라는 체크인 앱으로 시작했으나, 사용자들이 사진 기능에 열광한다는 사실을 발견하고 핵심 기능만 남긴 사진 공유 서비스로 방향을 틀어 세계적인 플랫폼이 되었다. 업무용 메신저로 자리 잡은 슬랙도 본래 온라인 게임 회사에서 출발했지만, 게임이 실패한 뒤 팀 내 소통 도구로 쓰던 채팅 시스템을 제품화하는 대담한 피벗을 통해 탄생한 사례다. 초기 창업 팀이 수년간 공들인 본업을 과감히 접고 부수적으로 개발했던 내부 도구에 집중한 이 선택은 오늘날 수억 명이 쓰는 서비스가 되었다.

요컨대, AI 시대의 창업자는 머릿속 아이디어를 실행으로 옮겨 빠르게 검증하고, 그 과정에서 얻은 데이터를 학습해 다음 행동에 반영하는 선순환을 구축해야 한다. 변화가 극심한 환경에서 유연하게 방향을 전환하는 민첩성이야말로 지속적인 성장을 이끄는 힘이며, 이러한 실행력 있는 학습자가 결국 치열한 경쟁 속에서 앞서 나가게 된다. AI는 창업자가 더 빠르고 효율적으로 실험하고 학습할 수 있도록 돕는 중요한 도구가 되어, 창업자들이 시장에서 경쟁 우위를 점할 수 있게 한다.

지속 가능한 학습 전략

마지막으로 강조해야 할 것은 끊임없이 배우는 자세다. 기술 트렌드와 소비자 요구가 숨 가쁘게 바뀌는 시대에, 창업자는 대학 졸업장이나 과거 경력에 안주하지 않고 지속적으로 자기 계발과 지식 습득에 힘써야 한다. 이를 위해 지속 가능한 학습 전략을 갖추는 것이 중요하다. 여기서 '지속 가능'이란 일시적인 공부 열풍에 그치지 않고, 일상적인 루틴 속에 학습을 녹여 꾸준히 이어간다는 의미다. 지속적인 학습은 변화하는 환경에 발맞춰 적응하고, 창의적이고 혁신적인 해결책을 도출할 수 있는 창업자로 성장하는 데 중요한 역할을 한다.

미국의 심리학자 캐럴 드웩(Carol Dweck)은 배움에 대한 신념을 '성장 마인드셋(growth mindset)'이라고 부르며, 이는 사람의 지적 능력이나 재능이 고정된 것이 아니라 노력과 학습을 통해 발전시킬 수 있다는 태도다. 성장 마인드셋을 지닌 창업자는 일시적인 실패나 부족함을 자기 역량의 한계로 단정 짓지 않고, 오히려 더 배우고 개선할 여지로 받아들인다. 이러한 마음가짐 덕분에 어려운 도전에도 좌절하지 않고 끝까지 돌파구를 찾아낼 가능성이 높아진다. 성공한 창업자나 CEO들은 적극적인 배움의 태도를 몸소 실천해 왔다. 예를 들어, 마이크로소프트의 공동 창업자 빌 게이츠는 매년 50권 이상의 책을 읽으며, 1년에 두 차례 일주일씩 외부와 격리된 채 독서와 사색에 몰두하는 '생각 주간(Think Week)'을 보내는 것으로 유명하다. 일론 머스크는 "로켓 공학을 어떻게 배웠냐"는 질문에 "책을 읽었다"라고 답하며, 스스로 책과 전문가들에게 배우는 것을 통해 우주항공 기술을 터득했다고 한다. 페이스북 창업자 마크 저커버그는 매년 개인 목표를 세워 새로운 분야를 학습하는 것으로 유명하며, 어떤 해에는 중국어를 배우고, 또 어떤 해에는 매주 두 권씩 책을 읽으며 끊임없이 성장해 나가는 도전을 이어갔다. 이처럼 최고 경영자들도 배움을 멈추지 않기에 급변하는 환경에서도 기업을 이끌어 갈 수 있는 것이다.

창업 초기에는 눈앞의 일 처리에 쫓겨 자기 계발에 소홀해지기 쉬운 경향이 있다. 그러나 장기적으로 볼 때 학습에 대한 투자만큼 확실한 자산은 없다. 새로운 프로그래밍 언어를 익히거나 경영 트렌드를 공부하는 데 들인 시간은 당장은 급한 업무보다 중요하지 않아 보일 수 있지만, 축적된 지식은 미래의 결정적 순간에 빛을 발한다. 또한 학습은 단지 책상 앞에서만 이뤄지는 것이 아니다. 고객 피드백에서 배우고, 업계 선배 창업자의 경험담에서 교훈을 얻으며, 실패한 시도에서 인사이트를 찾아내는 것도 모두 중요한 학습이다. 자신의 역량을 지속적으로 업그레이드해 나간다는 마음가짐을 가질 때, 새로운 지식이나 기술을 두려워하지 않고 기꺼이 익히게 된다.

지속 가능한 학습을 위해서는 각자 나름의 전략이 필요하다. 어떤 이는 아침마다 최신 업계 뉴스를 읽고 메모하며, 또 다른 이는 주기적으로 온라인 강의를 수강하거나 스터디 모임에 참여할 수 있다. 중요한 것은 본인의 호기심을 유지할 수 있는 방법으로 학습을 생활화하는 것이다. 한편 AI 기술도 학습 도구로 활용할 수 있다. 궁

금한 것이 있을 때 챗봇 AI에게 질문하고 토론하듯 아이디어를 정리하면 이해가 깊어질 수 있다. 다만 방대한 정보의 홍수 속에서 비판적 사고를 잃지 않고, 배운 것을 실제 실행과 연결하는 실천력이 뒷받침될 때 학습은 비로소 의미를 갖는다.

결국, AI 시대의 창업자는 배우기를 멈추지 않는 평생학습자다. 이런 태도로 자신의 지식 기반을 넓히고 최신 흐름을 따라간다면, 기술 패러다임의 변화 속에서도 방향을 잃지 않고 꾸준히 혁신을 이어갈 수 있을 것이다. 시대가 바뀌어도 변치 않는 것은 끊임없이 성장하려는 인간의 의지이며, 이것이야말로 강력한 창업자의 무기다.

참고문헌

한국인터넷진흥원(2014). "온라인 아동 개인정보보호 개선방안 연구". https://www.kisa.or.kr/public/library/report_View.jsp?mode=view&p_No=259&b_No=259&d_No=215&c_No=26

Ocampo, A.(2023). How ChatGPT can be your best partner as a solo founder. Medium. https://medium.com/@alex.ocampo/how-chatgpt-can-be-your-best-partner-as-a-solo-founder-5cd25a378bed

Tharakan, K. M.(2024). The unlikely rise of Airbnb: A tale of

innovation, grit, and air mattresses. Medium.
https://kmtharakan.medium.com/in-2007-roommates-brian-chesky-and-joe-gebbia-were-broke-and-brainstorming-ways-to-make-the-08c21f8bfa6a

유훈식

서울미디어대학원대학교 AI스타트업학과 부교수다. 인공지능디자인협회 회장이자 대한사용자경험전문가협회(UXPA Korea) 이사로 활동하고 있으며, 범정부 UI/UX 혁신 자문위원을 지냈다. AI와 UX/UI 디자인을 융합한 창의적 스타트업 교육과 연구에 주력하고 있으며, 서울미디어대학원대학교에서는 AI비즈니스디자인랩을 운영 중이다. 지난 17년간 삼성전자, 삼성디스플레이, 현대·기아자동차, SKT 등 주요 기업들과 AI 및 UX/UI 관련 산학 프로젝트를 다수 수행했다. 주요 저서로 《웹3.0 교과서》(2022)가 있으며, "Cross-cultural comparison of preferences for the external appearance of artificial intelligence agents"(2021)를 비롯해 AI 및 UX 분야에서 KCI, SCIE, SSCI, SCOPUS 등재학술지에 50편 이상의 논문을 게재했다.